JN191839

研修開発入門

「研修
Transfer of Training
転移」
の理論と実践

中原　淳・島村公俊・鈴木英智佳・関根雅泰
著

ダイヤモンド社

はじめに

　研修で学んだことを、いかに現場で実践し成果につなげてもらうのか？

　わずか1行で書いた、このセンテンスこそが、本書で論じられているテーマです。

　紋切り型で凡庸な、このセンテンスが新たな書籍のテーマとしてかかげられるゆえんは、世の中にあまた存在する研修の「悲しい現実」にあります。それは、悲しいかな、世のなかにある研修の多くが「学んだことが実践されない」「実践されないので成果が出ない」という現象に苦悩しているという事実です。

　「研修で学んだことが現場で実践される、成果が生み出されること」このことを専門用語では**研修転移（Transfer of training）**といいます。

　研修転移は、それが揺らいでしまった場合、「研修がそもそもなぜ存在するのか」という存在意義（レゾンデートル）そのものに疑念が生じかねない深刻な事態に発展しかねません。現場で実践されず、成果を生み出さないのにもかかわらず、コストをかけて研修を実施することのロジックが全く立たないためです。このような事情もあり、近年、海外で行われる研修研究の多くは、研修転移という大問題を「真正面」にとらえ、それを促進するために研修講師や事務局、担当者が、何をするべきかを考察してきました。

　しかし、我が国においては、これまで研修転移に関することが、書籍や論文で語られたことは、わずかな例をのぞいて皆無に近いものがあります[1]。

1　筆者が編者を務める『人材開発研究大全』（東京大学出版会）という専門書において、本書の著者でもある関根雅泰氏が研修転移の論考を書いています。

大型書店の書棚をのぞいてみれば、研修をいかにデザインするか、研修で教えるべき内容をいかに精錬するか、参加者同士のコミュニケーションをいかにファシリテートするか、ということに関する書籍は、たくさん見つけることができますが、研修転移という概念を紹介したり、その実践事例について現場に基づき考察しているものは非常に限られています。

　くどいようですが、企業研修とは「学ぶこと」が目的ではありません。

　人事部が実施する研修などの人材開発は、「組織の戦略を実行し、目標を達成するための手段」であり、そのためのドライバーとして、「従業員の学習」を促進しているにすぎません。

　かくして、研修内容、学習内容は実践されなくては意味がないということになります。私たちが追求するべきは「学ぶことそのもの」だけではなく、「実践されること、成果を生み出すこと」なのです。

　こうした問題に鑑み、本書では、「研修で学んだことが実践されること」に焦点を当てた理論や現場の工夫を紹介することを目的としています。

　本編で詳しく紹介していきますが、研修転移を促す方法には、以下に示すようないくつかのパターンがあります。ここでは4つに限り紹介していきましょう。

　もっともよく知られている方法は、研修参加者の上司を研修の場内部に巻き込む、というものです。研修の成果は、それが実践されるべき職場がどのようなところで、どのような上司にそれを実践するよう促されるかで決まります。

　どんなに学びの内容がすぐれたものであっても、上司が研修に対して否定的だったり、非協力的な職場では転移は起こりません。上司が、受講者が学んだ内容について理解し、それを実践できるように協力的であるように働きかけることは、研修転移を実現するための大きな要素になります。

２つ目の方策として、「インターバル型研修」という形も増えてきています。研修で学んだ内容を現場で実践して、一定期間を経て、また研修の場に持ち帰って検討するというものです。この方法ですと、実践内容を後日の研修で持ってこなければならないため、現場での実践が比較的行われやすくなります。

　３つ目は、研修で学ぶことそのものや研修の活動自体を、「現場での課題解決」に近づけていくことです。現場での課題解決を研修内部で行うこの方法──アクションラーニングと呼ばれています──では「研修の内容」がイコール「仕事に直結」します。日本では、2000年代に入って、この手法を用いた研修が増えていきました。

　４つ目は、デジタルメディアなどを活用し、研修に来る前に「予習」をしてもらったり、研修の事後に「復習」をしてもらったり、リマインドをする手法です。動画などのメディアを用いて予習をしてもらうため、目的意識が明瞭な形で研修に参加してもらうことができますし、研修中にはより高次な実習や演習に時間をかけることができます。また復習として用いる場合には、職場に帰った後に研修で学んだことの学び直し、リマインドの機会を提供することができます。

　本書では、これらに代表される研修転移の研究・実践の最先端の知識や、日本企業における研修転移の促進事例をあますところなく集めました。「理論知」と「実践知」の両方を組み合わせている点に特徴があり、これは日本において初の試みです。

　最後に、本書の構成を述べます。本書は３部構成になっています。

　まず第１部では、研修転移に関する理論について先行研究や主要な概念を解説しています。研修転移研究は、1970年代からの長い歴史があります。本書において、具体的な現場での実践事例の詳細を見る前に、この章において関連する理論的知識をしっかりと把握しておくことは、「遠まわり」にはならないものと思います。

次に第2部では「研修転移を促進する事例」を扱います。

　ファンケルは研修の企業内製化がほぼ完璧な形で行われている稀有な事例で、反転学習を中心とした、独自の取り組みを詳しく解説しています。

　ヤマト運輸は新人管理職とその上長の支店長が、研修転移のために、「教える」「教えられる」の関係性を事前にしっかり確立している工夫や、研修での評価軸が実際の人事考課に連動している点、また新人支店長に与えられた事前課題が現場の解決にもつながっている点などが注目すべき点でしょう。

　アズビルは、年間の受講者数がのべ1万2000人にのぼる企業内大学「アズビル・アカデミー」を開設し人材育成に注力していますが、社内イントラネットを活用したアンケートシステムでリマインドを図るという、研修をやりっぱなしで終わらせない仕組みを確立しています。

　新入社員研修としては、ニコンの例を紹介しています。ニコンでは、新入社員研修の開発に際して、研修参加者の上司を巻き込んだ研修を展開しています。

　また、「現場での課題解決を研修内容とするアクションラーニング」に関する事例を提供します。事例の舞台になるのは三井住友銀行です。同銀行は「研修転移」というキーワードに早くから注目し、人事研修部門が先進的な取り組みを続けています。本書では、管理職候補者と新人研修の内容を扱います。

　ビームスの事例も新入社員を対象とするOJT研修ですが、ここでは月1回、半年繰り返す面談によるフィードバックが研修転移のカギを握っています。

　続く第3部では、5人の研修開発担当者に集まってもらい、研修転移を阻む阻害要因と、それを突破して成果を上げるための工夫について話し合っていただきました。そこで語られるのは素晴らしい成功だけでなく、実にリアルな現場の苦悩も含まれます。等身大の課題感とともに、

意義のあるトライアルと成果を上げるためのヒントが凝縮されています。

　なお、本書は人事や人材開発の部門に初めて携わる人にも読みやすく平易な記述を心がけました。しかし同時に研究者や専門家の方々にも読んでいただく前提で、脚注や参考文献を充実させています。

　「働き方改革」という昨今の潮流により、「長時間労働の是正」という観点から、研修時間にも厳しい目が向けられています。人材開発もその影響を大いに被っているのが現状で、その影響は今後さらに増す一方であると予想されます。短い時間で効果的な研修を実施し、成果を出すことが、これまで以上に過酷な形で人事担当者に求められています。

　本書を「働き方改革」時代に生きるすべてのビジネスパーソンに贈ります。

　学び多き人生を。

2018年 6 月、立教大学にて

中原 淳

Contents

はじめに　　1

第**1**部
研修転移の歴史、
理論的枠組み、実践策　9

1.　研修とは何か？　　11
1-1　個人の行動変化・現場の変化
1-2　「やりっぱなし」の研修
1-3　「研修転移」とは？

2.　研修評価　　21
2-1　研修評価研究の歴史
2-2　「4レベル評価モデル」の提唱
2-3　研修転移研究

3.　研修転移の実践　　35
3-1　2つのモデル
3-2　研修でできること
3-3　職場でできること
3-4　受講者個人ができること
3-5　人材開発部門の責任範囲

第 **2** 部
研修転移の実践事例 55

Case1: **ファンケル** 57
「反転学習」を軸とする究極の内製化研修が示した成果

Case2: **ヤマト運輸** 77
研修内容がそのまま現場の問題解決に直結する
ブロック長・支店長ペア研修

Case3: **アズビル** 97
テクノロジーを利用した研修リマインドが効果を上げる

Column: 研修企画者の立場から見た研修転移の工夫　島村公俊 109

1. 現場に足を運んで得た情報を基に企画する
2. 現場部門に、参加者の行動変容への責任を持たせる
3. 研修を、職場ぐるみのOJTの場に変える
4. 1年で完了する企画でなく、3年先を見据えた企画にする

Case4: **三井住友銀行** 123
研修転移の要諦は実践を組み込んだ研修プログラムにあり

Case5: **ニコン** 137
新入社員の第一歩を見守る「指導員制度」が研修転移のカギ

Case6: **ビームス** 147
月1回、半年繰り返すOJT研修の面談の効果

第 3 部
研修転移を促すための働きかけ　159

■〈座談会〉
　研修転移のカギを握る「上司巻き込み」のノウハウ公開

1. 「研修前」の上司の巻き込み　162

上司に強制力を働かせる
現場の課題とフィットさせる
上位方針と連動させる

2. 「研修中」の上司の巻き込み　167

研修に集中できる環境をつくる
研修の一部に関わってもらう
研修の「前後」と紐づける

3. 「研修後」の上司の巻き込み　172

上司と部下で並走させる
事後アンケートを活用する
人事の熱量を伝える

Column: 研修転移を促す講師の働きかけ　鈴木英智佳　178

1. 参加者の現場を知る
2. 「やればできる感」を高める
3. 本人のWANTを問う
4. スモールステップを明確にする
5. 逆戻り予防策を考える
6. 行動を宣言させる
7. 参加者同士を結び付ける
8. ハッピーエンドで終わる

おわりに　193

第 1 部

研修転移の歴史、理論的枠組み、実践策

研修転移とは、研修で学んだことを企業の実践現場で活かし、成果を上げること。企業研修にとって根幹ともいえるこの事柄が、学問上の概念として主張されるのは、それが「言うは易く、行うは難し」の典型事例だからであり、かつ、「教えども、成果の上がらない研修」が世の中には多いことの証左でもあります。

　本書では第2部で企業の実践事例を紹介しますが、その前に、研修転移に関するアカデミズムの知的探究の歴史と理論的枠組みを見てみましょう。それは、一見、遠まわりに見えるかもしれませんが、必ずや、実践を組み立てるときの礎として機能することになります。

　研修転移とはそもそも何でしょうか。そして研修転移という考え方は、どのような研究の歴史や理論から生まれてきたのでしょうか。そして、わたしたちは研修転移を促すために、どのような工夫を構想できるのでしょうか。これらを研究の知見から振り返ってみたいと思うのです。

　これについて知ることで、わたしたちは、自社にもっともフィットした研修転移促進策を考えるヒントを得られると思います。

1. 研修とは何か？

1-1 個人の行動変化・現場の変化

　研修転移研究の知見を概観する前に、「そもそも論」から話を進めますが、「研修」とはそもそも何でしょうか。

　学問的な研修の定義は、**「組織のかかげる目標のために、仕事現場を離れた場所で、メンバーの学習を組織化し、個人の行動変化・現場の変化を導くこと」**です[2]。

　非常に凡庸なワンセンテンスですが、ここには企業研修の転移の難しさがギュッと凝縮されています。ここでは、その難しさを理解するために「2×2のクロス表」で問題を整理してみましょう。

　次ページの図1-1をご参照下さい。まず、第1軸（縦軸）は、「その研修で学ぶことができたのか、どうか」ということです。研修といっても、その教育の質はピンからキリです。まことに残念なことですが、時間をかけてもあまり学習効果が得られない研修というものは、この世に数多く存在します。

　加えて第2軸（横軸）は、「組織目標達成にポジティブな影響を与えているか、どうか」ということです。

　企業で行う研修は「学校における授業」ではありません。学校ならば「学ぶこと」が目的です。しかし、企業研修の場合は違います。企業研修では「学ぶこと」が目的ではなく、「学ぶこと」を通して「組織目標達成にポジティブな影響を与えること」がもっとも重要なことです。今、これを判定する軸を横軸に定めましょう。

2　中原淳(2014)研修開発入門：会社で教える、競争優位をつくる. ダイヤモンド社

図1-1 「有意義であり、かつ組織目標にかなう」研修以外は価値がない

	組織目標達成に ポジティブな影響を 与えている	組織目標達成に ポジティブな影響を 与えていない
研修で学ぶことができた	○	✕
研修では学ぶことが できなかった	✕	✕

　今一度、上記のクロス表をご覧ください。

　「組織目標達成にポジティブな影響を与えている／与えていない」、「研修で学ぶことができた／学ぶことができなかった」という2軸によって生まれた4象限の組み合わせのうち、人材開発として「望ましい状態」は「○」をつけた部分だけです。

　すなわち「研修では学ぶことができて、かつ、組織の目標達成にポジティブな影響を与えることができた」という部分だけです。端的に申し上げれば、本書のもっとも重要な概念である「研修転移」とは、さまざまな学習者や職場への働きかけを通して、この部分の面積をなるべく増やすことを意味します。

　つまり、組織目標を明確にし、その目標に沿い、その達成にプラスになるような研修プログラムを構築すること。そして、研修参加者にしっかりと学んでもらい、その上で、職場に帰った後で、学んだことを実践してもらうことを促進することが、「研修転移」です。

厳しいことを申し上げますが、企業研修においては、「〇」以外のそれ以外の象限は、すべて「×」になります。「学べてもいないし、組織目標達成にも資することのない」や「そもそも学べていない」ところは「×」で当然なのですが、「学ぶことができていても、組織目標達成にポジティブな影響をもたらさない」象限ですら「△」ではなく「×」になってしまうところが、人材開発の厳しいところです。

　企業研修において、学ぶことは「手段」であって「目的」ではありません。たとえ本人が学んでいるとしても、組織によき影響力をもたらさない限り、それは評価されません。自己充足的な学びは必ずしも人材開発の世界では、ポジティブではないのです。

　さて、続いて、先ほどのクロス表をさらに深掘りしていき、より具体的に、わたしたちが何をなさなければならないかを考えてみることにしましょう。

　先ほどのクロス表では「組織の目標達成のためにポジティブな影響をもたらすこと」をよしとしました。しかし、それでは、わたしたちは、具体的には、「組織の目標達成」を実現する手段として何をなすべきなのでしょうか。どのような状態を導くことで、わたしたちは「組織の目標達成のためにポジティブな影響をもたらすこと」を実現すればいいのでしょうか。

　その答えは11ページ、冒頭の定義に戻ります。冒頭の定義にある「個人の行動変化・現場の変化」という部分に着目する必要があるのです。

　企業研修とは、「学んだ個人が、行動変化や現場に変化をもたらすこと」を通して、組織の目標達成にポジティブな影響を与えるのです。

　さて、このことを、もう一度、「２×２のクロス表」で表現して考えてみましょう。

　次ページの図１−２をご参照下さい。第１軸（縦軸）は、先ほどと同じように、「その研修で学ぶことができたのか、どうか」ということで

図1-2 「学ぶことができ、かつ行動変化・現場の変化が起きている」研修以外は価値がない

	行動変化・現場の変化が起きている	行動変化・現場の変化が起きていない
研修で学ぶことができた	○	×
研修では学ぶことができなかった	×	×

　すが、今度は横軸を変えます。クロス表における第2軸（横軸）を、「行動変化・現場の変化が起きている／起きていない」ということに再設定します。

　上記の図1-2に見られるように今回のクロス表では、「研修で学ぶことができた／学ぶことができなかった」という軸と「行動変化・現場の変化が起きている／起きていない」という軸の2軸によって、4象限が生まれています。

　もうおわかりでしょうが、この4象限のうち、人材開発として目指すべきは、「本人が研修内で学ぶことができ、かつ、本人の行動変化や現場の変化が起きている」象限のみ、すなわち「○」がついている部分のみです。

　本人が研修で自らの行動を振り返り、行動を変化させることを、わたしたちは目指します。そのような場合には、当然ながら現場にポジティブな変化が起きることが予想されます。

さて、ここまで「２×２のクロス表」をいくつか重ね合わせることによって、「よい研修とは何か？」について考えてきました。

　わたしたちは、先ほど目にした「研修の定義」――「組織のかかげる目標のために、仕事現場を離れた場所で、メンバーの学習を組織化し、個人の行動変化・現場の変化を導くこと」がいかに深い意味を持っているかを、感じているはずです。

　よい研修とは「学べる研修」ではありません。
　学ぶことは「手段」であって「目的」ではありません。

　企業研修においては、学ぶことを通して、組織の目標達成にポジティブな影響を与えること、端的にワンセンテンスで申し上げるならば**「経営に資すること」**がもっとも重要なことです。

　そして、研修を通してよりよく学ぶことができ、かつ、組織の目標達成に対してポジティブな影響を与えることができること、研修で学んだことが、現場で活かされ、個人の行動の変化、現場の変化を導いていることが、本書で取り扱う中心的な概念である「研修転移」に関連してきます。

　後述しますが、研修転移とは「研修で学んだことが、現場で実践されたり、個人の行動変容を導き、組織に対してメリットをもたらし、その効果が持続している状況」をいいます。

研修で学んだことを自分の業務に
Transfer（転移）することが求められる

　それこそが、わたしたちが目指す研修のあるべき姿といえます。

1-2 「やりっぱなし」の研修

しかし、実際には、研修転移が起こっていない、現場での行動変化につながっていない「やりっぱなしの研修」は日本中にあふれています。もっとも多いケースは、研修で学んだことは綺麗さっぱり、研修室を出た瞬間に忘れ去られ、現場で実践されることはない、という状況です。

せっかく行った研修が、現場で実践されていないという研究結果もアカデミズムの世界では数多く紹介されています。

たとえば、Sacks & Haccoun（2004）[3]は、研修で学んだことの60〜90％は、職場で実践されていないとしています。

これらの主張を裏付けるかのように、カナダの企業258社で行われた調査（Hugues & Grant 2007）[4]でも、研修を受けた従業員の47％が、研修

図1-3■「研修で学んだ内容を職場で実践する」という受講者は1年で9％まで減少

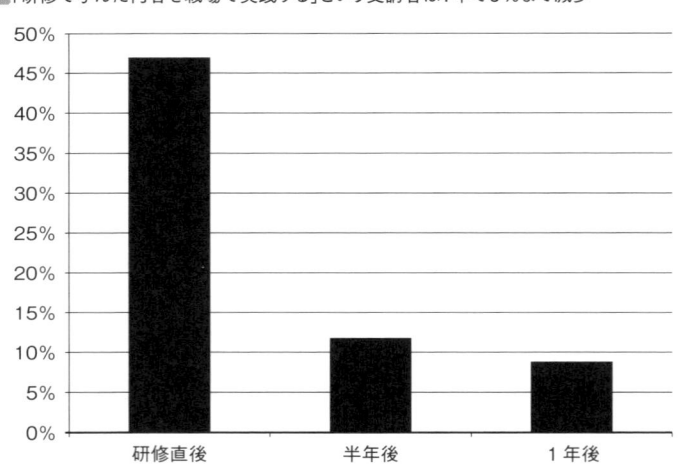

3 Saks, M. A. & Haccoun, R.（2004）*Managing performance through training and development.* Thomson Nelson.
4 Hugues, P. D. & Grant, M.（2007）Learning and development outlook: Are we learning enough. Conference Board du Canada.

で学んだ内容を職場で実践すると研修直後には考えていますが、半年後には12%、1年後には9％に減っていました（図1-3）。

研修内容の職場実践度合いに関する先行研究をまとめると、研修で学んだ内容の10〜20%ぐらいしか職場では実践されないといえます（Naquin & Baldwin 2003[5], Holton & Baldwin 2003[6], Roussel 2014[7], Kontoghiorghes 2014[8]）。

つまり、研修が「やりっぱなし」となり、職場ではほとんど実践されていないということです。

みなさんにも、心当たりはありませんか？　みなさんが人事担当者、研修開発担当者でしたら、そのような研修を企画したことはなかったでしょうか。みなさんが現場のビジネスパーソンでしたら、これまで、そのような研修を受講した経験はないでしょうか？

1-3「研修転移」とは？

このような「やりっぱなし」の研修状態を防ぎ、研修後の職場実践を促そうとする試みが「研修転移（Transfer of training)」研究を通じて行われてきました。

研修転移とは、**「研修で学んだことが、仕事の現場で一般化され役立てられ、かつその効果が持続されること」**（中原2014）[9]を指します。

ここには2つの要素が見受けられます。一般化（Generalization）と持続（Maintenance）の2つの概念です（例：Baldwin & Ford 1988)[10]。

5　Naquin, S. S. & Baldwin, T.(2003)Managing transfer before learning begins. E. Holton & T. Baldwin(eds.) *Improving learning transfer in organizations*. Jossey-Bass. pp.80-96.
6　Holton, E. F. & Baldwin, T. (2003) Making transfer happen: An action perspective on learning transfer systems. E. Holton & T. Baldwin（eds.）*Improving learning transfer in organizations*. Jossey-Bass. pp.3-15.
7　Roussel, J.-F. (2014) Learning transfer in organizations: An adaptive perspective centered on the learner and the development of self-regulation. Schneider, K. (eds.), *Transfer of learning in organizations*. Springer. pp.45-64.
8　Kontoghiorghes, C. (2014) A systemic perspective of training transfer. Schneider, K. (eds.), *Transfer of learning in organizations*. Springer. pp.65-79.
9　中原淳(2014)研修開発入門：会社で教える、競争優位をつくる．ダイヤモンド社
10　Baldwin, T. & Ford, J. K. (1988) Transfer of training: A review and directions for future research. *Personnel Psychology*, Vol.41 pp.63-105.

端的にいえば、一般化とは「研修で学んだことが現場で適用されること」であり、持続とは「現場に適用された内容の効果性が、ただちに失われるのではなく、持続すること」です。

　要するに、研修転移とは「学んだことが現場で適用され、効果が生まれ、その効果が持続する状態」を指します。「一般化」と「持続」以外に、転移を「適合 Adaptation」とみる考え方もあります（例：Ford & Weissbein 1997)[11]。

　それでは次に、研修転移は、どのようなメカニズムによって駆動するのでしょうか。研修転移が駆動するかしないかに関しては、多くの研究、多くの要因があるのですが、とりあえず、ここでもっとも基本的な要素として押さえておきたいのは「トランスポート」と「類似度」という概念です。

　Roussel（2014）は、Baldwin & Ford 1988[12], Ford & Weissbein 1997[13], Burke & Hutchins 2007[14], Blume et al. 2009[15]などの文献をレビューして研修転移のメカニズムのもっとも下の基層には2つの要素が入っていると主張しています[16]。それらは「運ぶ（Transport）」と「類似度（Degree of similarity)」です（図1-4）。

　そもそも転移（Transfer）の「Trans」には「2つの状況の間の通路」という意味があり、転移とは2つの状況（例：研修現場と仕事現場）の間をつなぎ、何か（例：研修で学習した内容）を運ぶこと、と考えることが

11　Ford, K. & Weissbein, D. A.（1997）Transfer of training: An updated review and analysis. *Performance Improvement Quarterly*. Vol.10 pp.22-41.
12　Baldwin, T. & Ford, J. K.（1988）Transfer of training: A review and directions for future research. *Personnel Psychology*, Vol.41 pp.63-105.
13　Ford, K. & Weissbein, D. A.（1997）Transfer of training: An updated review and analysis. *Performance Improvement Quarterly*. Vol.10 pp.22-41.
14　Burke, L. A. & Hutchins, H. M.（2007）Training transfer: An integrative literature review. *Human Resource Development Review*. Vol.6 pp.5-38.
15　Blume, B. D. , Ford, J. K., Baldwin, T. T., & Huang, J. L.（2009）Transfer of training: A meta-analytic review. *Journal of Management*. Vol.36 pp.1065-1105.
16　Roussel, J.-F.（2014）Learning transfer in organizations: An adaptive perspective centered on the learner and the development of self-regulation. Schneider, K.（eds.）, *Transfer of learning in organizations*. Springer. pp.45-64.

図1-4■研修転移とは

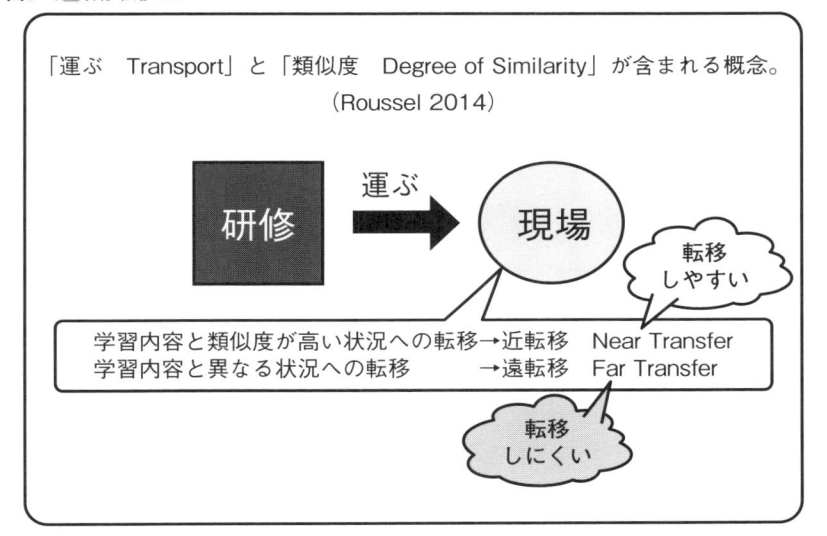

「運ぶ　Transport」と「類似度　Degree of Similarity」が含まれる概念。
（Roussel 2014）

研修　運ぶ→　現場

転移
しやすい

学習内容と類似度が高い状況への転移→近転移　Near Transfer
学習内容と異なる状況への転移　　→遠転移　Far Transfer

転移
しにくい

できます。

　Rousselによれば、研修転移は、この2つの状況の間の「類似度」こそが、転移の基層になることを指摘しました。このうち、類似度が高いものを「近転移」、類似度が低いものを「遠転移」と呼んでいます（Roussel 2014）[17]。

　学習した内容と近い状況への転移は「近転移（Near transfer）」と呼ばれ、より生じやすいとされていますが、異なる状況への転移「遠転移（Far transfer）」は起こりにくい。端的に申し上げれば、研修で学習した内容と、職場での状況が似ているほうが、より転移しやすくなると考えるということです。

　ですので、研修転移を高めるためには、学ぶべき内容や状況を、学ん

17　Roussel, J.-F.（2014）Learning transfer in organizations: An adaptive perspective centered on the learner and the development of self-regulation. Schneider, K.（eds.）, *Transfer of learning in organizations*. Springer. pp.45-64.

だことを適用する場所や状況にひたすら近づけていく努力が、まずは必要だということです。

　しかし、ここには難問（アポリア）が立ちはだかっています。

　少し考えてみればすぐにわかりますが、研修室とは、どんなに頑張っても、「職場」とイコールになるわけではありません。どんなに職場に模した部屋を作って、どんなに職場と近しい教育内容を構成したとしても、それらの間で、同じことが同じように起こることもありません（Haskell 1998）[18]。

　よって、ここにこそ「研修転移」を促すための工夫が必要になるのです。わたしたちは、研修室で学んだことが、研修室のドアを出た後でも、しっかりと実践されるための教育的な働きかけを構想しないわけにはいきません。

　まずは類似度を上げることは重要なのですが、それには限界もある。だとするならば、その他の手段をもって研修転移を高める努力をしなければならない。

　さまざまな角度からの工夫を重ねることで、いかに研修転移を高めることができるのだろうか。これが、わたしたちが本書を通じて探究したいテーマとなります。

18　Haskell, R. E.（1998）*Reengineering corporate training: Intellectual capital and transfer of learning.* Quorum.

2. 研修評価

　前節では、そもそも研修とは何か？　そして、研修転移とは何か？について考えてきました。既述したように、研修転移を高めるさまざまな手法を探究することが本書のテーマなのですが、ここでは、すこし「遠まわりになること」に腹をくくって、さらに深遠な背景知識を学んでおきたいと思います。

　わたしたちが、ここでタックルしたい深遠な背景知識とは「そもそも研修転移という考え方は、なぜ、どのような経緯で生まれてきたのか」ということです。

　研修転移研究のルーツは、実は、研修の評価研究にあります。研修転移は、効果の持続する研修はいかにあるべきか、という問いから生まれてきた概念なのです。

　2節では、研修転移研究のルーツを研修評価研究に求め、その発展の過程をたどります。一見「まわり道」とも思えるこの知的探究を経ることで、わたしたちは、研修転移をより深く理解することができます。

2-1 研修評価研究の歴史

　先ほども申し上げましたように、研修転移研究は、「研修評価(Evaluation of training)」研究から派生して発達してきたものです。研修評価は、20世紀初頭のアメリカで教育プロセスの向上に関する研究から生まれました（Donovan 2014）[19]。

　第2次大戦以降、研修評価に関する研究の約半世紀の歴史を振り返ると、その発展の過程は、3つの段階に分けられます。①4段階モデルの時代、②ROIの時代、③4段階モデルの洗練化時代の包括的段階、です。

19　Donovan, P.（2014）The measurement of transfer using return on investment. Schneider, K.（eds.）, *Transfer of learning in organizations*. Springer. pp.145-168.

ここからは、この３つのプロセスを概観していくことにしましょう。

　第１段階である「４段階モデルの時代」は、1950年代から1987年までを指します。

　第１段階の中心的概念は、言うまでもなくKirkpatrick（1959[20]他）の「４レベル評価モデル（Four-level model of evaluation）」です。これは実務でももっともよく知られているモデルになりますので、ご存じの方も少なくないと思います。後述しますが、ドナルド・カークパトリックという教育評価の専門家が「４段階モデル」という評価モデルを提唱し、実務の現場に普及させました。

　次に、第２段階である「ROIの時代」は、1990年代からのグローバル競争の激しさによるROI（投資対効果）重視の機運から展開しました。この時期、HRD（人材開発）の実務家や研究者たちは、研修投資を正当化するために、研修の効果測定をしなければならなくなったのです。それもROIですから、研修への投資に対していかなる「リターン（お金）」が生まれたのかを、数字として示すことが求められました。

　のちに見るように、残念ながら、その試みはあまりうまくはいきませんでしたが、1990年代は、そのように「お金」が重視された時代でした。

　第３段階の「４段階モデルの洗練化時代」は、2000年代です。この時期には、第１段階への反省がなされ、より実務的なモデルが数々、提唱された時代でした。

　たとえば、Holton（1996）[21]の「４レベル評価モデルの欠点」がきっかけとなり、より理論的で実務家に有用な研究が目指されるようになり現

20　Kirkpatrick, D. L.（1959）Techniques for evaluating training programs. *Journal of ASTD*. Vol. 13 pp.3-9.
21　Holton, E. F. III（1996）The flawed four-level evaluation model. *Human Resource Development Quarterly*. Vol.7 pp.5-21.

在に至っています（Donovan 2014）[22]。

いずれにしても、３段階の発展の歴史はあるものの、研修評価は、研修開発の研究者、実務家の間のホットイシューであることは間違いはありません。実務家やコンサルタントが集まるアメリカ人材開発協会（現ATD：Asociation of Talent Development）のような組織でも、従来から「教育研修の効果測定」に関する研究テーマは、中心的な話題であり続けています。

日本国内では、2008年のリーマンショックをきっかけにした「研修内製化」のトレンド（中原2014）[23]とともに、研修評価の実践が強調されてきました。

ここからは、第１段階の研修評価研究発展のきっかけとなったカークパトリックの「４レベル評価モデル」を皮切りにしつつ、その概要と発展の歴史について述べます。

2-2「4レベル評価モデル」の提唱

研修評価が述べられるとき、まず、まっさきに人々の脳裏に浮かぶのは、カークパトリックによって主張された「研修評価の４段階モデル」であるはずです（図１−５参照）。

このモデルは、カークパトリックが、1959年に発表した４つの記事「研修プログラムを評価するテクニック（Techniques for Evaluating Training Programs）」で、「４ステップモデル」を提示し、1994年にはこれらの記事が書籍としてまとめられたことから人口に膾炙することになりました（Kirkpatrick & Kirkpatrick 2005）[24]。カークパトリックがシンポジウムで求められて即興的に語った内容が、この「４ステップモデル」の基にある

22　Donovan, P.（2014）The measurement of transfer using return on investment. Schneider, K.（eds.）, *Transfer of learning in organizations*. Springer. pp.145-168.

23　中原淳(2014)研修開発入門：会社で教える、競争優位をつくる．ダイヤモンド社

24　Kirkpatrick, D. L. & Kirkpatrick, J. D.（2005）*Transferring learning to behavior*. Berrett-Koehler.

という説もあります（Sitzmann & Weinhardt 2015）[25]。

　4ステップモデルは、「研修評価に際して留意しておくべき、4つのステップ（段階）があること」を主張します。

　ステップ1は「反応（Reaction）」です。このレベルの研修評価は、研修終了後に「研修受講者が感じたこと」を問う質問がなされます（Kirkpatrick & Kirkpatrick 2006）[26]。具体的な例を出せば、すぐに思い付くのは、多くの研修で研修終了直後に実施されている「受講者アンケート」ではないでしょうか。カークパトリックによれば、この評価は、もっとも「低次なもの」とされますが、多くの研修では、これらがもっとも評価されています。

　次にステップ2は「学習（Learning）」のレベルです。学習のレベルは、研修終了後に、受講者が研修で学んだことを、どの程度、記憶し、技術が向上したのかを測定するものです。第1レベルの主観的な感想ではなく、学習した成果を問うという意味において、カークパトリックのモデルでは、より高次な段階に、この「学習」が位置づけられています。「学習」のレベルでは、実務では、「知識テスト」「技能テスト」などが行われることが多いと思います。場合によっては、研修の中で、ロールプレイングなどをさせ、そこで受講者が取った行動を評価したりするなどのことが行われます。

　次に、より高次なステップ3に移ります。
　ステップ3は「行動（Behavior）」のレベルになります。このレベルでは、受講者は、研修を受けたことにより、受講者の現場での行動がいかに変

25　Sitzmann, T. & Weinhardt, J.（2015）A comprehensive analysis of the indicators of training effectiveness. *Academy of Management Annual Meeting.*
26　Kirkpatrick, D. L. & Kirkpatrick, J. D.（2006）*Evaluating training programs.* Third edition. Berrett-Koehler.

図1-5 研修評価の4レベル

レベル	内容	項目	手法	時期
1 反応 Reaction	研修に対する印象	満足度 有用度 自己効力感	アンケート（本人）	研修直後
2 学習 Learning	知識・技術の獲得	学習内容 獲得度	テスト（プレ・ポスト） ロールプレイ評価	研修前・後 研修中
3 行動 Behavior	学習内容の転移 職場での行動変化	活用度	アンケート （本人・他者評定） インタビュー 行動観察	研修数カ月後
4 成果 Results	ビジネス上の影響	売上・利益 従業員満足度 退職率	実験群と統制群の比較 成果につながる要素の分析	研修数カ月後

『研修開発入門』（ダイヤモンド社）p.91〜93 参照

化したのかを測定します。前節で述べた通り、企業研修は学校と異なり、「学ぶこと」が目的ではありません。「学ぶこと」は、あくまで「行動を変容」させるための、いわば手段であり、「目的」ではないのです。よって、企業研修の評価としては、受講生が研修終了後に、現場でいかに行動を変容させたのかを問うことになります。

　実務的には、研修数カ月後に、研修を受けたことで、受講者に学習内容が転移しているか、職場での行動が変化したかを測定するなどのことが行われます。本人へのアンケート、あるいは上司などの評定や、インタビュー、行動観察によって、学習内容の活用度などが測定されるケースが多いのではないでしょうか。

　ちなみに、カークパトリックは、この行動変化の測定がもっとも難しく、またもっとも重要であると述べています（Kirkpatrick & Kirkpatrick 2005）[27]。後述しますが、研修転移ということを考えると、研修の受講生を、いかに現場での「行動レベル」の変化に導くかが問われることにな

りえます。

　最後のステップ４は「成果（Results）」です。これは、研修終了後に受講生が、行動を変容させた結果、経営に、どのようなインパクトがあったのかを問います。

　多くは、離職率の低減、生産性の向上、品質の向上、無駄の削減、効率化、売上増加、費用削減、利益増加、ROIなどの指標が、この成果指標として用いられます。より具体的には、研修をしたグループと、していないグループとで、ビジネスの成果、たとえば生産性、売上高、利益などの向上、品質の向上、費用の削減、従業員満足度の向上、退職率の低減、などに差があったかどうかを比較して見られたりします。場合によっては、360度評価やES（Employee satisfaction、従業員満足度）などを用いることもあります。

　ところで、ここまで研修評価でもっとも有名な４ステップモデルを見てきたところで、賢明な読者諸氏は、あることに気づかぬわけにはいきません。

　それは、もはや「研修を評価するとは、研修中や研修終了直後のアンケートだけで行うことはできない」ということです。より踏み込んで申しますと、「研修の善し悪しは、研修中・研修終了後の成果ではなく、受講生が研修室のドアを開け、現場に帰った後、本人の行動をいかに変化させるのか、そのことによって、どのような成果が上がるのか。果てには、そのことを通して、経営へどのようなインパクトがもたらされるのかによって決まる」ということです。

　もし評価のレベルがレベル１やレベル２の評価であるならば、研修中、ないしは、研修終了直後のアンケートやテストで事を済ますことができ

27　Kirkpatrick, D. L. & Kirkpatrick, J. D.（2005）*Transferring learning to behavior.* Berrett-Koehler.

図1-6■企業は研修評価の各レベルをどれくらい使っているか

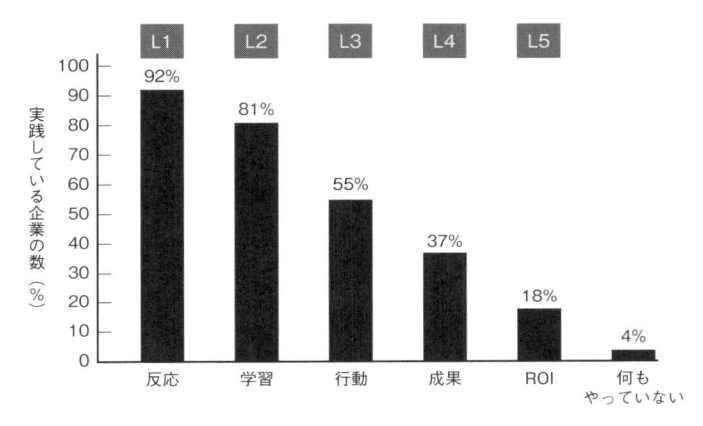

704 人の参加者を対象に調査（ASTD 2010)[28]

ます。しかし、より重要なレベル３やレベル４の評価ということになると、研修が終わった後に受講生を追跡して、どの行動の変化、成果の創出を見極めなければならないということになります。そして、その段階まで、「研修が終わらない」ということになるのです。

　ここで、聡明なみなさんは、研修評価の研究に「研修転移」という概念の「萌芽」を見るはずです。既述したように、研修転移とは、「研修で学んだことが、現場で活かされ、成果を上げ、それらの効果が実現すること」を指すのでした。研修転移とは要するに、「研修でもっとも重要なことは、現場にインパクトをもたらすかどうか」を主張する概念であり、それは研修評価の４段階モデルの「レベル３：行動」と「レベル４：成果」を問うていることになります。

　このように、研修評価が、研修中・研修後に展開される「レベル１：

28　Noe, R. A.（2013）*Employee Training and Development*. Sixth Edition. McGraw-Hill.　p.246の図を訳出。

反応」「レベル２：学習」だけでなく、受講生が職場に帰った後に展開される「レベル３：行動」「レベル４：成果」に拡張されたことから、「研修転移」という概念が生まれたことがわかります。受講生が職場に帰った後まで、受講生の「追跡」が続くという意味において、研修で考慮すべき項目が「職場」に新たに拡張された、と考えることもできます。

　さて、それでは次に、この研修評価が、アメリカにおいてどの程度実践されているでしょうか。このレベル１から４に加え、投資対効果（ROI）をレベル５として、アメリカの有力企業がレベル１から５までのどの段階を研修の評価として使用しているかを調べた調査結果があります。図１‐６はその結果を示しています。

　これによれば、主に研修後のアンケートによる「レベル１：反応」の評価は調査対象企業の92％が実施する「当たり前」の手法ですが、「レベル２：学習」で81％、「レベル３：行動」では55％、「レベル４：成果」は37％、「レベル５：ROI」になると18％と、段階が進むに従って、実施する企業の割合が低くなっています。

　つまり、研修転移を「行動変容」のレベルまで追跡して調べ、評価しているのは半数であり、さらに「投資効果」まで検証する企業はきわめて少ない、ということです。すなわち、研修転移を重視するアメリカ企業においても、その発展は、まだ道半ばということになります。日本は、研修転移研究を扱っている書籍は本書を含めていくつかしかありませんが、まだまだアメリカに追従することができます。

　さて、ここまで研修評価研究の中心的概念である「４ステップモデル」と、研修転移研究の概念を見てきました。

　既述したように、「４ステップモデル」は1990年代後半から2000年代にかけて、多くの批判にさらされます。第２段階である「ROIの時代」に時代は移っていくのです。

　前述したように、カークパトリックは、４つのレベルが関連している

と考えましたが、この因果関係は実証されていないと断じる研究者も出てきました（Holton 1996[29], Donovan 2014[30], Sitzmann & Weinhardt 2015[31]）。実際、カークパトリックのモデルは、実データでその妥当性が検証されたモデルではないのです。

　また、カークパトリックは、「学習」よりも低次なレベルとして「反応（主観）」を置き、人は「満足しなければ学習しない」と考えたのですが、これは実証されていないと主張する向きがあります（Holton 1996[32], Sitzmann & Weinhardt 2015[33]）。「研修に対するポジティブな反応が、学習をもたらすとはいえない」（Tannenbaum & Yukl 1992）[34]という結果も示されています[35]。

　また、「4レベル評価モデル」には、受講者のレディネス、意欲、研修デザイン、個人特性、仕事とのつながりといった複数の学習要素が含まれていません。また最近の転移研究でいわれているような、職場の雰囲気や転移の仕組みといった観点が反映されていない（Donovan 2014）[36]などの指摘もあります。

　このように1990年代に批判が噴出した「4レベル評価モデル」ではありますが、そのシンプルさと使いやすさから、実務者のみならず、研

29　Holton, E. F. III（1996）The flawed four-level evaluation model. *Human Resource Development Quarterly*. Vol.7 pp.5-21.
30　Donovan, P.（2014）The measurement of transfer using return on investment. Schneider, K.（eds.）, *Transfer of learning in organizations*. Springer. pp.145-168.
31　Sitzmann, T. & Weinhardt, J.（2015）A comprehensive analysis of the indicators of training effectiveness. Academy of Management Annual Meeting.
32　Holton, E. F. III（1996）The flawed four-level evaluation model. *Human Resource Development Quarterly*. Vol.7 pp.5-21.
33　Sitzmann, T. & Weinhardt, J.（2015）A comprehensive analysis of the indicators of training effectiveness. Academy of Management Annual Meeting.
34　Tannenbaum, S. I. & Yukl, G.（1992）Training and development in work organizations. Annual Review of Psychology. Vol. 43 pp.399-441.
35　2015年10月に、カークパトリックの息子であるジェームス・カークパトリックが行ったセミナー「4段階評価法セミナー（ウチダ人材開発センタ主催）」に筆者が参加。その際「レベル1（反応）は、学習と関係がないとする研究もあるが、それについてはどうか？」と質問。ジェームス曰く「それでもレベル1（反応）を観察することは大事」とのコメントを得た。レベル1「反応」は、特に研修「中」に講師が観察することが大事で、それにより研修内容や進行を調整する役割を果たすとのことであった。
36　Donovan, P.（2014）The measurement of transfer using return on investment. Schneider, K.（eds.）, *Transfer of learning in organizations*. Springer. pp.145-168.

究者にもこのモデルの活用は広まっていきました（Donovan 2014）[37]。そして、研修をするに当たっては「レベル3：行動」「レベル4：成果」を見ていかなければならない、というその主張から、研修転移という概念が生まれ、少しずつ人口に膾炙していくことになります。

　さて、次はいよいよ研修転移研究について紹介します。
　既述したように、研修転移研究はカークパトリックの「4レベル評価モデル」を基盤にして発展してきました。次節では「4レベル評価モデル」を枠組みとして使用した研修転移の先行研究を紹介していきます。

2-3 研修転移研究

　研修転移研究とは、端的にいえば「研修で学んだことが、いかに現場に役立てられ、成果につながるか」を探究する研究であり、一般には、その促進要因を明らかにすることが試みられます。
　研修評価研究が進むにつれ、「レベル1：行動」「レベル4：成果」にまで、実務家や研究者の関心が広まった結果、「学ぶこと」だけに注目するのではなく、「学んだことを実践すること」に焦点が当たるようになってきました。ここでは、まず、研修転移研究の個々の事例を考察する前に、研修転移の成果を総括的にまとめたメタ分析論文の知見を紹介しましょう。

　まず第一に紹介するのは、1952年からの50年間に行われた民間企業での「マネジメント研修」に関する69の研究をメタ分析したPowell & Yalcin（2010）[38]の論文です。
　パウエルらは、カークパトリックの「4レベル評価モデル」に基づき、

37　Donovan, P.（2014）The measurement of transfer using return on investment. Schneider, K.（eds.）, *Transfer of learning in organizations.* Springer. pp.145-168.
38　Powell, K. S. & Yalcin, S.（2010）Managerial training effectiveness: A meta-analysis 1952-2002. *Personnel Review.* Vol.39. pp.227-241.

マネジメント研修の効果を、「レベル２：学習」、「レベル３：行動」、「レベル４：成果」の観点から評価しました。

その結果、マネジメント研修の効果は、「レベル２：学習」においては認められますが、「レベル３：行動」「レベル４：成果」には至っていないことがわかりました。これはマネジャーは研修を通して、学習はしているが、学習した内容を現場では実践していないということです。

続くSitzmann et al.（2008）[39]のメタ分析では、もう一つ興味深い知見が得られています。それは、研修後の自己効力感を高めるのは、受講者の研修直後の反応であり、この反応を予測するのが、講師のインストラクションスタイル（指導方法）であったという点です。

講師が受講生との心理的距離を縮めるようなインストラクションスタイルであったときに、受講生の反応はよくなり、その結果「研修内容を現場で実践できそう」だと考える自己効力感が高まるというのです。この自己効力感は、研修後の行動を予測する変数とされているものです（Baldwin, Ford, & Blume 2009[40], Pineda-Herrero, Quesada-Pallares, & Ciraso-Cali 2014[41]）

このように研修転移研究では、カークパトリックの４段階モデルに基づいて、研修転移は起こっているのかどうか、もし起こっているのだとしたら何が研修転移のきっかけになるのか、を探究しています。その中でも、近年、着目されているのが「レベル３：行動」の重要性です。要するに、「レベル３：行動」こそが、研修転移を促す上で、大きな要因になることが主張され始めてきているのです。

39　Sitzmann, T., Brown, K. G., Casper, W. J., Ely, K.. & Zimmerman, R. D.（2008）A review and meta-analysis of the nomological network of trainee reactions. *Journal of Applied Psychology.* Vol.93 pp.280-295.
40　Baldwin, T. T., Ford, J. K., & Blume, B. D.（2009）Transfer of training 1988-2008: An updated review and agenda for future research. *International Review of Industrial and Organizational Psychology.* Vol.24 pp.41- 70.
41　Pineda-Herrero, P., Quesada-Pallares, C., & Ciraso-Cali, A.（2014）Evaluation of training transfer factors: the FET model. Schneider, K.（eds.）, *Transfer of learning in organizations.* Springer. pp.121-144.

たとえば、Saks & Burke（2012）[42]は、カークパトリックの４段階モデルをすべて検証し、ある事実を発見しました。それは、研修転移を図るために、「レベル３：行動」段階での評価を、研修事後に受講生に頻繁に行うことで、現場での転移が増すことでした。

　より具体的には、研修受講者に対して受講後に「行動変化の度合い」について質問紙で尋ねたり、リマインドをかけたりすることが、現場での実践を促すことを発見したのです。実務レベルでいえば、「研修参加者に対して、研修終了後の行動変化を問うような簡単なリマインドを行ったほうが、研修で学んだ内容が、より現場で実践される」ということになります。

　これをきっかけに「レベル３：行動」は、その後の研究においてより注目されるようになります。

　Saksらの研究に同期するように、研修による「学習」と、現場での「成果」をつなぐミッシングリンク（失われた環）が「行動」にあると考えたのが、カークパトリックの息子のジェームス・カークパトリックです（Weber 2014）[43]。

　ジェームス・カークパトリックは、銀行の人事担当者として、トータル・クオリティ・マネジメント（企業活動全体の質を高めること）の概念と手法を行内に広める研修を実施しました。その際、彼はレベル２の「学習」から、レベル３の「行動」に移す難しさを実感したそうです。彼は、そのときの失敗を糧に、その後、バランス・スコア・カードの研修を行った際には、レベル３「行動」への転移が行われるようさまざまな工夫を行っています（Kirkpatrick & Kirkpatrick 2005）[44]。

42　Saks, A. M. & Burke, L. A.（2012）An investigation into the relationship between training evaluation and the transfer of training. International Journal of Training and Development. Vol.16 pp.118-127.
43　Weber, E.（2014）*Turning learning into action: A proven methodology for effective transfer of learning*. KoganPage.
44　Kirkpatrick, D. L. & Kirkpatrick, J. D.（2005）*Transferring learning to behavior*. Berrett-Koehler.

その後、銀行を退社したジェームス・カークパトリックは、妻のウェンディとともに「新カークパトリック・モデル」を提唱しました（Kirkpatrick Partners 2015）[45]。従来の「レベル1：反応→レベル2：学習→レベル3：行動→レベル4：成果」という流れを「旧モデル」とし、新モデルは「レベル4：成果→レベル3：行動→レベル2：学習→レベル1：反応」であるとしました。

レベル1の反応とレベル2の学習は、「Effective training（効果的な研修）」であるかを評価するものであり、レベル3の行動とレベル4の成果こそが「Training effectiveness（研修の効果）」として評価されるべきものであると主張したのです。

カークパトリックは、この「行動」を「Critical behaviors（重要な行動）」として明確化し、その行動の現場実践を支援するために「支援と説明責任」が重要と考えたのです。新カークパトリック・モデルでは、レベル4の成果から研修企画、設計を考え始めるという逆転の発想と、レベル3の「重要な行動」の現場実践を促進する環境要因にも目配りしている点が評価できると思います。

最近は、ジェームス・カークパトリックと同じように、レベル3の「行動」の重要性に着目している研究もがさらに増えています。そのひとつにLim & Nowell（2014）[46]があります。リムらは、「レベル1：反応」と「レベル2：学習」と、「レベル4：成果」をつなぐのが、「レベル3：行動」であるとし、ここに転移が関係すると考えました。

より具体的には、図1-7に示すように、もっとも単純な研修評価である「反応」「学習」と、多くの説明変数が存在しもっとも複雑な状況となる現場での「成果」の間をつなぐのが、「レベル3：行動」であり、

45　Kirkpatrick Partners, LLC.　株式会社ウチダ人材開発センタ・株式会社スキルメイト（訳）（2015）Kirkpatrick Four Levels® Evaluation Certificate Program.
46　Lim, D. H. & Nowell, B.（2014）Integration for training transfer: Learning, knowledge, organizational culture, and technology. Schneider, K.（eds.）, *Transfer of learning in organizations*. Springer. pp.81-98.

図1-7■研修転移の測定

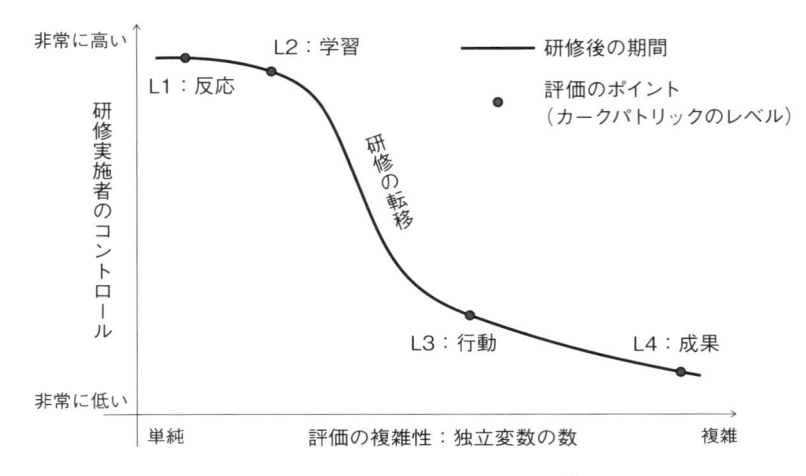

Lim&Nowell（2014）[48] p.83 の図を基に作成

この現場での行動こそをいかに促すかを考えることこそが、研修転移の肝であろうと考えたのです。

　もう一度言葉を換えてご説明します。

　図1-7のように、Lim&Nowell 2014[47]では、縦軸に研修実施者のコントロールのしやすさ、横軸に評価の複雑さの度合い（独立変数の多寡）をとり、L1からL4を位置づけています。

　その結果、研修実施者のコントロールが効きやすく、評価が単純なものとして、「レベル1：反応」、「レベル2：学習」があり、この2つと大きく隔絶した状態で「レベル3：行動」、「レベル4：成果」があるのが見て取れるでしょう。このように、レベルが上がるほど、研修実施者のコントロールが効きにくく、かつ、評価のための変数が多く存在して、

47　Lim, D. H. & Nowell, B.（2014）Integration for training transfer: Learning, knowledge, organizational culture, and technology. Schneider, K.（eds.）, *Transfer of learning in organizations*. Springer. pp.81-98.
48　Lim, D. H. & Nowell, B.（2014）Integration for training transfer: Learning, knowledge, organizational culture, and technology. Schneider, K.（eds.）, *Transfer of learning in organizations*. Springer. pp.81-98.

評価の複雑さが増すことが判明しているのです。

　そして、その単純でコントロールしやすいL1、L2と、複雑でコントロールしにくい「レベル４：成果」をつなぐ、ミッシングリンク（失われた環）とでもいうべきものが、「レベル３：行動」を促す「研修転移」であると結論づけられているのです。

　さて、ここまで研修転移の研究の知見を概観してきました。どうやら現場における学習者の行動変容「レベル３：行動」が、研修転移の重要な成功要因（KFS＝Key factors of Sucess）になることを見てきました。それでは、わたしたちは、「レベル３：行動」をいかに工夫して働きかけることができるでしょうか。次節では、これについて説明します。

3.　研修転移の実践

　ここまで、わたしたちはカークパトリックの研究、その後の研究の進展において、「４ステップモデル」のうち「レベル３：行動」こそが、成果を生み出す、研修転移を促すもっとも大きな要因であることを見てきました。

　それでは、わたしたちが「レベル３：行動」に働きかけ、受講者の行動変容を促すためには、どのようなことに配慮していけばいいでしょうか。研修転移研究では、これまでいくつかの促進要因モデルが提唱されてきました。これを見ていくことにしましょう。

3-1 ２つのモデル

　研修転移を促進するモデルとして、わたしたちはBaldwin ＆ Ford (1988)[49]の「転移プロセスモデル（Model of the transfer process）」（図１−８

49　Baldwin, T. ＆ Ford, J. K.（1988）Transfer of training: A review and directions for future research. *Personnel Psychology*, Vol.41 pp.63-105.

参照）と、Broad & Newstrom（1992）[50]の「転移マトリックス（The Transfer matrix）」（図1−9参照）を見ていきたいと思います。なぜならその後の研修転移研究のほとんどが、この2つの枠組みを基盤としているからです。

　まず、Baldwin & Ford(1988)[51]らのモデルでは、まず研修のアウトプットとして「学習と保持」を取り上げました。これは、研修でしっかりと学び、そこで学んでいることを、そもそも記憶やスキルとして保持しているのかどうかを示しています。その先にあるのが「レベル3：行動」に準拠するような「一般化と維持」です。

　ここで一般化と維持とは、研修で学んだことが仕事の場面において適用され（一般化）、かつ、そうした効果性が持続すること（維持）としていたことは、すでに述べました。

　一方、Baldwin & Ford（1988）[52]らは「研修のインプット」として「受講者の特徴（Trainee characteristics）」「研修設計（Training design）」「職場環境（Work environment）」があるとしています（図1−8参照）。Karg(2006)[53]は、「転移プロセスモデル」を用い、120人の研修受講者に対して調査を実施しました。その結果「受講者の特徴」「研修設計」「職場環境」が確かに学習結果に影響を及ぼしていたことを実証しています（Schneider, Paltz, & Stauche 2014）[54]。

　要するに、受講者がどのような人で、どのような状況で研修に参加しているかによって（受講者の特徴）、あるいは「研修がいかに組み立てられ、

50　Broad, M. L. & Newstrom, J. W.（1992）*Transfer of Training: Action-packed strategies to ensure high payoff from training investments*. Perseus Publishing.
51　Baldwin, T. & Ford, J. K.（1988）Transfer of training: A review and directions for future research. *Personnel Psychology,* Vol.41 pp.63-105.
52　Baldwin, T. & Ford, J. K.（1988）Transfer of training: A review and directions for future research. *Personnel Psychology,* Vol.41 pp.63-105.
53　Karg, U.（2006）Betriebliche Weiterbildung und Transfer. Einflussfaktoren auf den Lerntransfer im organisationalen Kontext. Bertelsmann.
54　Schneider, K., Paltz, M., & Stauche, H.（2014）Transfer of learning in German companies. Schneider, K.（eds.）, *Transfer of learning in organizations*. Springer. pp.5-22.

どのようなカリキュラムとなっているか（研修設計）によって研修の成果は変わってくることを主張しています。とりわけ、重要なのは3番目の変数として取り上げられている「職場環境」です。これは、受講者がどのような上司や、どのような同僚に囲まれているのか、そして、どのような仕事に従事しているかによって、研修で学んだことが実践されるかどうかが決まることを示しています。研修の効果に対して、研修「以外」の要因が強い影響を持っていることを指摘したことは、革命的なことでした。

　次に、Broad & Newstrom（1992）[55]は、研修転移に関する先行研究から、「役割者」と「時間」の2軸で「転移マトリックス」を提示しました。役割者には「マネジャー」「講師」「受講者」が入り、時間には、研修「前」「中」「後」が入ります。彼らはこのマトリックスを使って、講師たちに対するインタビューを行いました。ASTD（現ATD）に所属する84人の人材開発実践者たちへのインタビューを通じて、3×3のマトリックスおよび95の転移戦略を抽出したのです（Newstrom 1986）[56]。

　インタビューでは、講師が考える「転移戦略として現在もっとも使われているものは何か？」と「転移戦略としてもっとも影響力があるものは何か？」を問い、それぞれ9つの枠に順位付けをさせました。その結果が図1-9です。

　彼らのインタビューによると、もっとも「影響度の高い」研修転移戦略は、研修「前」の「マネジャー」による働きかけであるのに対して、実際にもっとも「使用度の高い」研修転移戦略は、研修「中」の「講師」によるものでした。

　つまり、研修転移にもっとも影響力があるマネジャーからの働きかけ

55　Broad, M. L. & Newstrom, J. W.（1992）*Transfer of Training: Action-packed strategies to ensure high payoff from training investments*. Perseus Publishing.
56　Newstrom, J.W.（1986）Leveraging Management Development through the Management of Transfer. Journal of Management Development.Vol. 5 Issue: 5, pp.33-45.

は、十分に行われていないということなのです。この結果から、職場の
マネジャーも巻き込んで研修転移を促す重要性が強調されるようになり
ました。

その後、研究者たちにより複数の「研修転移モデル」が提示されるよ
うになります。

たとえば、ホルトン他（Holton et al. 2000）[57]は、「Learning Transfer
System Inventory：LTSI（学習転移システム目録）」という尺度を開発しま
した。これは転移に影響する16の要因を設定したものであり、「学習者
のレディネス」「転移意欲」「上司支援」「同僚支援」「使用機会」「転移
デザイン」等が含まれています。このLTSIは、アメリカの企業で多く
使われています（Pisanu et al. 2014）[58]。

また、「研修転移システムモデル」（Kontoghiorghes 2014）[59]は、「受講生
の特徴」「研修デザイン」「研修転移風土」が、「学習意欲」と「転移意欲」
に影響し、それが「研修転移」につながるとしました。また「研修転移」
につながる他の要因として「社会技術的システムデザイン」「ジョブデ
ザイン」「品質管理」「継続的学習環境」があるとしました。変数が増え
て複雑にはなっていますが、このモデルもBaldwin & Ford（1988）[60]の「転
移プロセスモデル」が基盤となっています。

さて、ここまで少し抽象的なモデルを見てきましたが、そろそろ具体
的な工夫について関心が移ってくるところかもしれません。わたしたち
は、研修転移を促すために、何ができるでしょうか。

次の項では、これら２つの枠組み「転移プロセスモデル」と「転移マ

57　Holton, E. F. III, Bates, R. A., & Ruona, W. E. A.（2000）Development of a generalized learning transfer system inventory. *Human Resource Development Quarterly*. Vol.11 pp.333-360.
58　Pisanu, F., Fraccaroli, F., & Gentile, M.（2014）Training transfer in teachers training program: A longitudinal case study. Schneider, K.（eds.）, *Transfer of learning in organizations*. Springer. pp.99-120.
59　Kontoghiorghes, C.（2014）A systemic perspective of training transfer. Schneider, K.（eds.）, *Transfer of learning in organizations*. Springer. pp.65-79.
60　Baldwin, T. & Ford, J. K.（1988）Transfer of training: A review and directions for future research. *Personnel Psychology*, Vol.41 pp.63-105.

図1-8 転移プロセスモデル

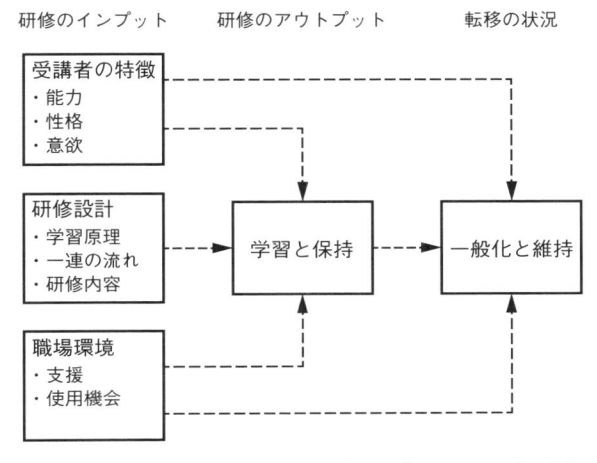

Baldwin & Ford（1988）[61] p.65 の図を基に作成

トリックス」を基に、研修転移を促す働きかけについて、「研修」「職場」「個人」のそれぞれについて「研修前」「研修中」「研修後」に分けて具体的に紹介していきます。

3-2 研修でできること

まず、研修「前」の研修設計時において、熟達者に対して研修ニーズのヒアリングをすることが重要とする知見があります。

2000年以降の研修に関する研究をレビューしたAquinis & Kreiger（2009）[62]は、研修効果を最大化するには、経験豊富な熟達者を用いたニーズの検討（Fowlkes et al. 2000）[63]と受講者の準備が重要であることを提示

---

61 Baldwin, T. & Ford, J. K.（1988）Transfer of training: A review and directions for future research. *Personnel Psychology*, Vol.41 pp.63-105.
62 Aguinis, H. & Kraiger, K.（2009）Benefits of training and development for individuals and teams, organizations, and society. *Annual Review of Psychology*. Vol.60 pp.451-474.
63 Fowlkes, J. E., Salas, E., Baker, D. P., Cannon-Bowers, J. A., & Stout, R. J.（2000）The utility of event-based knowledge elicitation. *Human Factors*. Vol.42 pp.24-35.

図1-9■転移促進策の影響度（転移マトリックス）

		時間					
		研修前		研修中		研修後	
		使用度	影響度	使用度	影響度	使用度	影響度
役割者	マネジャー	5	1	6	8	9	3
	講師	2	2	1	4	7	9
	受講者	8	7	3	5	4	6

1＝高い　9＝低い（使用度・影響度）
Broad&Newstrom（1992）[64] p.55 の図に一部加筆。

しました。

　現場での実践につながるような研修を設計するためには、現場の熟達者に対して「新人にどんな研修が必要と考えるか」をヒアリングすることが、その第一歩であるといえます。

　また、研修設計時は、「同一要素（現場での状況と研修での学習内容を一致させる）」「一般原理（異なる状況でも適用しやすいよう普遍的原理を伝える）」「刺激の多様性（講義だけでなく討議を入れる等）」を踏まえて研修を設計したほうが、研修転移の可能性が高まります（Baldwin & Ford 1988）[65]。

　『研修開発入門』（中原2014）[66]でも提示されている「プリンシプル（原則）」を基に、研修設計をしたほうが、より転移しやすくなるのです。

　次に、研修「中」に、講師が留意すべき点を述べます。まず、研修「中」は「双方向で、学習者参加型」の運営をすることが望ましいといえます（Burke & Hutchins 2008）[67]。講師は、受講生との心理的距離を縮めるよう

64　Broad, M. L. & Newstrom, J. W.（1992）*Transfer of Training: Action-packed strategies to ensure high payoff from training investments.* Perseus Publishing.
65　Baldwin, T. & Ford, J. K.（1988）Transfer of training: A review and directions for future research. *Personnel Psychology,* Vol.41 pp.63-105.
66　中原淳(2014)研修開発入門：会社で教える、競争優位をつくる． ダイヤモンド社
67　Burke, L. A. & Hutchins, H. M.（2008）A study of best practices in training transfer and proposed model of transfer. Human Resource Development Quarterly. Vol.19 pp.107-128.

なインストラクションスタイル（Sitzmann et al. 2008）[68]を取り、研修の後半では「研修後の目標設定（Wexley & Nemeroff 1975）[69]」を行うことが重要です。この研修後の目標と行動計画が、現場での実践、つまりレベル３の行動となります。

　永谷（2015）[70]は、目標設定から行動計画の流れがもっとも「講師の腕」によって差が出る部分であるとし、目標設定時の留意点を提示しています。目標設定が失敗する原因として、①問題抽出が甘い、②課題設定の誤り、③成果設定がない、ことを挙げ、これらを避けて「行動につながる正しい行動目標」を設定することが、その後の現場実践の可能性を高めるとしています。

　しかし、いかに精度の高い行動目標を設定し「現場に帰ってやってみよう！」と気持ちが盛り上がったとしても、実際に現場に帰るとさまざまな阻害要因（Phillips & Phillips 2002）[71]があり、なかなか実践されないという状況になりやすいのです。

　そうなることを事前に予告し、「研修前と同じ状態に戻る可能性がある」ことを踏まえて、その対策を考えるのが「逆戻り予防（Relapse prevention）」（Marx 1982）[72]です。その上で、研修終了時には受講生の自己効力感を高め（Baldwin et al. 2009）[73]、「職場に帰ったら実践できそう」という気持ちにして研修に送り出すことが、研修転移を促すために、研修「中」に講師ができることです[74]。

68　Sitzmann, T., Brown, K. G., Casper, W. J., Ely, K., & Zimmerman, R. D.（2008）A review and meta-analysis of the nomological network of trainee reactions. *Journal of Applied Psychology*. Vol.93 pp.280-295.
69　Wexley, K. N. & Nemeroff, W. F.（1975）Effectiveness of positive reinforcement and goal setting as methods of management development. *Journal of Applied Psychology*. Vol.60 pp.446-450.
70　永谷研一（2015）人材育成担当者のための絶対に行動定着させる技術．ProFuture.
71　Phillips, J. J. & Phillips, P. P.（2002）Reasons why training and development fails and what you can do about it. *Training*. Vol.39 pp.78-85.
72　Marx, R. D.（1982）Relapse prevention for managerial training: A model for maintenance of behavior change. *Academy of Management Review*. Vol.7 pp.433-441.
73　Baldwin, T. T., Ford, J. K., & Blume, B. D.（2009）Transfer of training 1988-2008: An updated review and agenda for future research. *International Review of Industrial and Organizational Psychology*. Vol.24 pp.41-70.
74　中原は、研修前半は受講生との信頼関係を築き、中盤にネガティブフィードバック等で「痛みを伴う学習」を促した上で、後半には受講生をエンパワー（勇気づけ）する「研修設計のU字曲線」という考え方を提唱している。

最後に、研修「後」の働きかけについて述べます。研修「後」は、研修中に使用したワークブックを職場で見直すことも有効な手段となります。

「自己学習」と他者からのフィードバックが転移のカギ

リマインド

たとえば、Tews & Tracey（2008）[75]は87人の受講生に対して、「研修のみ」の統制群と「研修＋研修後のサプリメント（補足）」の実験群3つを作り調査しました。その結果、研修後にワークブックを見直し自身の行動を振り返る「自己学習」と、同僚からのフィードバックを受ける「他者評価」のサプリメント（補足）を受けたグループの効果がもっとも高かったことを明らかにしました。

また、前述したSaks & Burke（2012）[76]の知見の通り、レベル3の「行動変化」について、受講生に継続して尋ねることも有効な転移促進手段となります。「研修後、どのように行動が変わりましたか？」という問いを、たとえばメールや質問紙調査で尋ねられることを通じて、受講生が研修について思い出し、現場での実践を促すきっかけになるのです。

永谷（2015）[77]は、「研修がやりっぱなし」になる原因は「研修で設定した行動計画を忘れる」ことであると喝破し、「忘れないためにどうするか」という観点で「思い出させる」仕組みとして「行動変容を支援す

75　Tews, M. J. & Tracey, J. B.（2008）An empirical examination of posttraining on-the-job supplements for enhancing the effectiveness of interpersonal skills training. Personnel Psychology. Vol.61 pp.375-401.
76　Saks, A. M. & Burke, L. A.（2012）An investigation into the relationship between training evaluation and the transfer of training. International Journal of Training and Development. Vol.16 pp.118-127.
77　永谷研一（2015）人材育成担当者のための絶対に行動定着させる技術．ProFuture.

るITシステム」を開発しています。「Action T.C.」と名づけられたこのシステムは、研修後、システムに行動計画を入力しておくと、週1回の実践状況の記録（セルフチェック）を忘れた場合、督促メールが届く、というもの。「人間は忘れるもの。思い出すことは、ITシステムに任せる」という発想で開発されました。

　また、研修内容を「思い出させる」ためにも、研修後に再度集まる機会を作る「再トレーニング（Refresher training)」も有効です（Tews & Tracey 2008[78], Broad & Newstrom 1992)[79]。

　しかし、研修「後」に、研修室を離れて現場に戻る受講生に対して、講師ができることには限界があります。そこで重要になる登場人物は、上司や同僚といった職場のメンバーたちなのです。

3-3 職場でできること

　研修転移を促進する要因と阻害する要因を、先行研究のレビューから導き出したBouzguenda（2014)[80]は、転移を決定づける要素として３つを提示しました。「研修」「個人」「環境」です。このうち「環境」には、職場、組織構造、組織文化、戦略、経営、人事の役割等、多くの変数が含まれています。本章ではそのうち「職場」を取り上げ、転移を促進するための「研修前」「研修中」「研修後」の職場の関わり方について紹介します。

　研修「前」に職場のマネジャーは受講生と「会話」（Huczynski & Lewis 1980)[81]をし、「研修参加理由の明確化」（Lyso, Mjoen, & Levin 2011)[82]を行うことが必要です。研修に参加する受講生に対し、マネジャー自身がそ

78　Tews, M. J. & Tracey, J. B.（2008）An empirical examination of posttraining on-the-job supplements for enhancing the effectiveness of interpersonal skills training. Personnel Psychology. Vol.61 pp.375-401.
79　Broad, M. L. & Newstrom, J. W.（1992）*Transfer of Training: Action-packed strategies to ensure high payoff from training investments.* Perseus Publishing.
80　Bouzguenda, K.（2014）Enablers and inhibitors of learning transfer from theory to practice. Schneider, K.（eds.), *Transfer of learning in organizations.* Springer. pp.23-44.

のことに関心を持っていることを示すことと、参加する目的を伝えたり、受講生自身に聞いて考えさせたりすることが重要だということです。

　現場でありがちな事例としては、マネジャーが「部下の研修があることすら知らない」という状況があります。そのように「研修が職場で重要視されていない」とするならば、受講生は研修に熱心に参加しようとは思わないでしょうし、ましてや研修内容を現場で実践しようという気にはなれないでしょう。このようなマネジャーの雰囲気を、カークパトリック（1998）[83]は、5段階で整理しています。

　上司の雰囲気の5段階（図1–10）というもの（『研修設計マニュアル』〈鈴木2015〉[84]p.210、鈴木が訳出した「Kirkpatrick 1998」[85]から抜粋）で、以下のように説明されます。

1）抑止的：学んできたことの活用を上司が禁止している
2）やる気をそぐ：「やってはいけない」と直接的には言わないが、上司が快く思っていないことは確実に伝えられている
3）中立的：研修を受けてきたという事実を上司が無視している。職務が今まで通りに完了するのであれば、何も言わない
4）奨励的：学んだ成果を職務に活用することを奨励している
5）要求的：部下が何を学んできたかを上司は把握していて、それを確実に仕事に転用させたいと思っている

　多くの企業では3の中立的というのが一般的ではないでしょうか。たとえば、「いつからいなくなるの」と自分の部署の仕事がまわらなくな

81　Huczynski, A. A. & Lewis, J. W.（1980）An empirical study into the learning transfer process in management training. *Journal of Management Studies*. Vol.17 pp.227-240.
82　Lyso, I. H. , Mjoen, K. & Levin, M.（2011）Using collaborative action learning projects to increase the impact of management development. *International Journal of Training and Development*. Vol.15 pp.210-224.
83　Kirkpatrick, D. L.（1998）*Evaluating training programs*. Second edition. Berrett-Koehler.
84　鈴木克明(2015)研修設計マニュアル：人材育成のためのインストラクショナルデザイン. 北大路書房
85　Kirkpatrick, D. L.（1998）*Evaluating training programs*. Second edition. Berrett-Koehler.

図1-10　上司の雰囲気

雰囲気の５段階	特徴
1．抑止的 Preventing	・学んだことの活用を上司が禁止している
2．やる気をそぐ Discouraging	・「やってはいけない」と直接的には言わないが、上司が快く思っていないことは確実に伝えられている
3．中立的 Neutral	・研修を受けてきたという事実を上司が無視している ・職務が今まで通りに完了するのであれば何も言わない
4．奨励的 Encouragng	・学んだ成果を職務に活用することを奨励している
5．要求的 Requiring	・部下が何を学んできたかを上司は把握していて、それを確実に仕事に転用させたいと思っている

『研修設計マニュアル』（鈴木 2015）p.210　鈴木が訳出した「Kirkpatrick,1998」の表から抜粋

ることを心配したり、まったく無関心というのが典型的な上司の研修に対する態度です。

　このような「研修が重要視されない」という状況を作らないためにも、研修企画者側が、研修設計段階からマネジャーをニーズ分析に参加させたり、設計後のオリエンテーションでマネジャーに研修概要を説明したりする（Broad & Newstrom 1992）[86]というような働きかけが必要になるのです。

　研修「中」に、職場でできることは少ないでしょう。しかし、職場に不在の受講者のために、職場の同僚がその仕事をフォローし、受講者が安心して研修に参加できる環境を作ることは大きな手助けになります。研修中に受講者に電話やメールが入り、途中退席や研修に集中して参加

86　Broad, M. L. & Newstrom, J. W.（1992）*Transfer of Training: Action-packed strategies to ensure high payoff from training investments*. Perseus Publishing.

できないような状態を作らないよう、職場のマネジャーや同僚の手助けが必要になるのです（Broad & Newstrom 1992）[87]。

　研修「後」に、マネジャーがすべきは、研修で学んだ内容を活かせる機会を作ることです（Gregore et al. 1998）[88]。そして、受講生を現場で支援することです（Cromwell & Kolb 2004[89], Saks & Belcourt 2006[90]）。この支援には、受講生に対するコーチングや実践度合いのフィードバックが含まれます（Burke & Hutchins 2008）[91]。このフィードバックはマネジャーのみならず、同僚によるものも効果があります（Tews & Tracey 2008）[92]。
　しかし、182人の従業員に対して縦断的調査を行ったValeda et al.（2007）[93]では、自己効力感等が研修転移に関係していたが、上司の支援は関係していなかったのです。既存研究で効果があるとされてきた上司支援が、その効果を示さなかったのです。彼ら曰く、研修後の上司支援（例：ミーティングやフィードバック）のみに着目していたが、研修前の上司支援に着目すればまた違った結果になったかもしれないとのことでした。
　職場のマネジャーや同僚に、研修「前」「中」「後」に関わってもらうならば、やはり研修内容の理解や、研修に参加することに対する肯定的な雰囲気が重要になってくるでしょう。これは「転移風土（Transfer

87　Broad, M. L. & Newstrom, J. W.（1992）*Transfer of Training: Action-packed strategies to ensure high payoff from training investments.* Perseus Publishing.
88　Gregoire, T. K., Propp, U. J., & Poertner, J.（1998）The supervisor's role in the transfer of training. *Administration in Social Work.* Vol.22 pp.1-18.
89　Cromwell, S. E. & Kolb, J. A.（2004）An examination of work-environment support factors affecting transfer of supervisory skills training to the workplace. *Human Resource Development Quarterly.* Vol.15 pp.449-471.
90　Saks, A. M. & Belcourt, M.（2006）An investigation of training activities and transfer of training in organizations. *Human Resource Management.* Vol.45 pp.629-648.
91　Burke, L. A. & Hutchins, H. M.（2008）A study of best practices in training transfer and proposed model of transfer. Human Resource Development Quarterly. Vol.19 pp.107-128.
92　Tews, M. J. & Tracey, J. B.（2008）An empirical examination of posttraining on-the-job supplements for enhancing the effectiveness of interpersonal skills training. Personnel Psychology. Vol.61 pp.375-401.
93　Valeda, R., Caetano, A., Michel, J. W., Lyons, B. D., & Kavanagh, M. J.（2007）The effects of training design, individual characteristics and work environment on transfer of training. *International Journal of Training and Development.* Vol.11 pp.282- 294.

climate)」（Rouiller & Goldstein 1993)[94]と呼べるものであり、研修で学習した内容を積極的に職場に転移させる潜在的な促進剤といえます。肯定的な雰囲気を醸成するためには、研修企画者側からの積極的な働きかけが必要になります。

たとえば、会社のトップである経営陣からお墨付きをもらう、役員に研修当日に登壇してもらう、マネジャーに研修設計段階から関わってもらう、事前に研修概要を説明する等です。ジェームス・カークパトリックは、銀行の人事担当として研修展開した経験から、転移に失敗する要因10個を挙げ、「役員たちの関与を得ていないこと」を失敗の一番の要因としています（Kirkpatrick & Kirkpatrick 2005)[95]。

そして、研修内容を受講生から現場に紹介してもらう、同僚にも受講してもらう、マネジャーにオブザーブ参加してもらう等もあるでしょう。現場を巻き込む手段はいろいろ考えられます。職場のマネジャーを「身内化」し「同じ船」に乗せる（中原2014)[96]ためにも、積極的な巻き込みが必要になるのです。

3-4 受講者個人ができること

前述したように、研修「前」「中」「後」におけるマネジャーの重要性がほとんどの先行研究（Valeda et al. 2007他)[97]で強調されてきました。それでは、それ以外の要因はないのでしょうか。より具体的には、研修の効果を高めるために、研修受講生本人が留意して対処することはできないのでしょうか。

近年、こうした疑念に対する答えが出てきています。

94　Rouiller, J. Z. & Goldstein, I. L.（1993）The relationship between organizational transfer climate and positive transfer of training. *Human Resource Development Quarterly*. Vol.4 pp.377-390.
95　Kirkpatrick, D. L. & Kirkpatrick, J. D.（2005）*Transferring learning to behavior*. Berrett-Koehler.
96　中原淳(2014)研修開発入門：会社で教える、競争優位をつくる．ダイヤモンド社
97　Valeda, R., Caetano, A., Michel, J. W., Lyons, B. D., & Kavanagh, M. J.（2007）The effects of training design, individual characteristics and work environment on transfer of training. *International Journal of Training and Development*. Vol.11 pp.282- 294.

その急先鋒になっているのはオーストラリア人の研修実践者エマ・ウェイバーです（Weber 2014）[98]。ウェイバーは「研修で学んだことを実践するのは、受講者個人であり、職場のマネジャーではない。いい加減、マネジャーを責めるのはやめよう」と提唱してい

研修後の「実践目標」を
電話でフォローする「電話コーチング」

ます。以下、ウェイバーの主張を概観していきましょう。

　ウェイバーは成人教育学者マルカム・ノールズの考え方に基づき「大人である研修受講者は学習を自らコントロールすべきである」とし、研修転移のイニシアチブを、受講生本人に取り戻すべきであると主張しています。

　そのための方法論として、彼女が提示したのは、研修講師とは違う人物が「転移コーチ」として研修最後に登壇し、研修後の「実践目標」を立てさせ、それを電話で数カ月間フォローするという「電話コーチング」[99]でした（Weber 2014）[100]。

　ウェイバーと同じように、受講生個人に着目していたのが、ロバート・ハスケルでした（Haskell 1998）[101]。彼は、研究者や実務家の文献双方か

98　Weber, E.（2014）*Turning learning into action: A proven methodology for effective transfer of learning.* KoganPage.
99　営業研修を受けた従業員のうち、15名に対して電話コーチングを実施。電話コーチングを受けなかった群と比較した結果、研修前後5カ月間の営業数字の伸び率が、電話コーチングあり群は43.8％、なし群は、16.2％であった。この結果からも、ウェイバーは電話コーチングの成果を主張している。
100　Weber, E.（2014）*Turning learning into action: A proven methodology for effective transfer of learning.* KoganPage.

ら抜けているのが「転移魂（Transfer spirit）」とも呼ぶべき、受講者個人の態度であると主張しています。これは、受講者個人が「研修で学んだことを、現場で実践しよう」とする意欲や意志ともいえます。そのためにも、受講者個人に「類推」する力を身につけさせ、研修で学んだことと、職場環境で似ている点を探させるよう促すことが重要であると述べています。ハスケルは、「転移の肝は、等価である。＝サインでつなぐこと」としています。

　ハスケルの言う「転移魂」は、他研究者の「転移意欲（Motivation to transfer）」（Axtell et al.1997）[102]や「転　移　意　志（Intent to transfer）」（Ajzen 1991）[103]と似たような概念といえるでしょう。

　しかし、これら「転移意欲」「転移意志」とその他の要素の転移に対する影響を調査した結果では、「転移意欲」「転移意志」は転移にほとんど関係していなかったことが明らかになっています[104]（Pineda-Herrero, Quesada-Pallares, & Ciraso-Cali 2014）[105]。これは個人の意欲や意志の問題だけでは、転移を語ることは難しく、やはり個人を取り巻く周囲の環境の重要性が示唆されたといえるのかもしれません。

　ハスケルは、研修「中」の「転移魂」と呼ぶべき個人の態度に、ウェイバーは研修「後」の電話コーチングによる個人への支援に着目しています。

　それに対して、研修「前」に、受講者個人ができることとして「受講前の準備」（Aguinis & Kreiger 2009）[106]や「受講者へのインプット」（Saks

101　Haskell, R. E.（1998）*Reengineering corporate training: Intellectual capital and transfer of learning.* Quorum.
102　Axtell, C. M., Maitlis, S., & Yearta, S. K.（1997）Predicting immediate and longer-term transfer. *Personnel Review.* Vol.26 pp.201-213.
103　Ajzen, I.（1991）The theory of planned behavior. *Organizational Behavior and Human Decision Processes.* Vol.50 pp.179-211.
104　1527名の研修受講者に対し、研修直後と2年半後の2回にわたる質問紙調査を実施。転移要素としての「研修満足」「説明責任」「仕事での必要性」「環境機会」等が、最も強く転移を予測した。
105　Pineda-Herrero, P., Quesada-Pallares, C., & Ciraso-Cali, A.（2014）Evaluation of training transfer factors: the FET model. Schneider, K.（eds.）, *Transfer of learning in organizations.* Springer. pp.121-144.
106　Aguinis, H. & Kraiger, K.（2009）Benefits of training and development for individuals and teams, organizations, and society. *Annual Review of Psychology.* Vol.60 pp.451-474.

図1-11■研修転移促進策

	研修前	研修中	研修後
受講者	事前課題:準備インプット Acquinis & Kreiger 2009	転移魂／類推する力 Haskell 1998 自己効力感 Baldwin,Ford, & Blume 2009	電話コーチングによる支援 Weber 2014
研修	ニーズ分析:熟達者へのヒアリング Fowlkes et al. 2000 研修設計:転移促進要素の盛り込み Baldwin & Ford 1988 経営陣や職場マネジャーの巻き込み中原2014	双方向、学習者参加型 Burke & Hutchins 2008 インストラクションスタイル Sitzmann et al. 2008 目標設定 Wexley & Nemeroff 1975、永谷2015と逆戻り予防策Marx 1982	自己学習:見直し復習 Tews & Tracey 2008 L3「行動変化」のリマインド Saks & Burke 2012 再トレーニング Tews & Tracey 2008, Broad & Newstrom 1992
職場	マネジャーによる支援:受講者との会話 Huczynski & Lewis 1980 研修参加目的の明確化 Lyso, Mjoen, & Levin 2011 期待の声永谷2015	職場メンバーの協力 Broad & Newstrom 1992	活用機会の提供 Gregore et al. 1998 マネジャーによる支援 Burke & Cromwell & Korb 2004, Saks & Belcourt 2006, Hutchins 2008 同僚による支援 Tews & Tracey 2008

& Belcourt 2006)[107]があるとされます。事前課題を提供し「できていなければ参加を認めない」ほうが、受講者の研修中の意欲増加と研修転移につながると主張する研究者もいます（Broad & Newstrom 1992)[108]。

　さて、2つの枠組みに基づき、研修転移を促す働きかけについて概観してきました。これまで述べてきた先行研究や現場実践による転移促進策をまとめたものが、図1-11です。

　ここまで、研修転移に関する先行研究を、「研修」「職場」「個人」そ

107　Saks, A. M. & Belcourt, M.（2006）An investigation of training activities and transfer of training in organizations. *Human Resource Management*. Vol.45 pp.629-648.

108　Broad, M. L. & Newstrom, J. W.（1992）*Transfer of Training: Action-packed strategies to ensure high payoff from training investments*. Perseus Publishing.

して研修「前」「中」「後」の観点から解説してきました。これらの先行研究により、研修をやりっぱなしにせず、現場実践を促すために何をしたらよいのか、大きな示唆が得られるでしょう。

3-5 人材開発部門の責任範囲

さて本章では、研修で学んだことがしっかりと現場で実践され、成果を出すまでのプロセスを研修転移として、その研究の発展の歴史と概要を述べてきました。

現在、人材開発部門は、ますます経営のパートナーとして、組織の目標達成、戦略達成に寄与することを求められ始めてきています。たとえば守島（2015）[109]は、「経営に資する人材マネジメント」の３つのあり方として、１．戦略達成支援（Strategy）、２．組織強化（Organization）、３．人材サポート（People）を挙げています。

本章の最後では、研修転移研究の知見を読み解きながら、人材開発部門がそのような働きを行うためには、何ができるのかを考察していきたいと思います。

誤解を恐れずに述べるのであれば、従来の人材開発部門は「研修の実施」部門であり、その仕事のスコープ（範囲）は、研修室に参加者が集合し、研修室のドアを開けて出るまでにありました。研修実施には、さまざまなロジスティクスが発生するので、厳密には「研修室に集合し、ドアを開けて出るまで」というメタファは当たらないのですが、いずれにしても、人材開発の仕事の範囲が「研修を中心に組み立てられていたこと」は間違いはありません。

しかし、この仕事の範囲が変わりつつあります。今後の人材開発担当者は、受講者が研修で学んだ学習について「現場に帰り、成果を出すま

109　守島基博(2015)日本型戦略人的資源論とはなにか. 人事よ、ススメ！. 碩学舎

でのプロセス」に対する気配りを行っていかなくてはならなくなるのです。

　研修をやりっぱなしにせずに、現場での実践につなげること、つまり研修転移を視野に入れると、研修の企画担当や実施者など人事部門の担当者も、研修期間中だけ従事するというわけにはいかず、関わる期間も、責任の範囲も拡大します。

　これまで、研修内容の転移は現場で、つまりOJTを通して行うべきだと考えられてきました。ビジネス領域、現場で生じている社員の能力の欠如や学びの必要性を受けて、研修開発領域で研修を設計し、さまざまな研修手段で受講者に技能や知識を伝達します。受講者はそれを現場に持ち帰り、「研修転移」を経て、現場で結果を出す、という循環です。
　ところが、今後は「研修転移」までを人事担当者、研修開発、人材開発の領域で責任を負うべきであるという議論もあります（図1-12：Weber 2014)[110]。

図1-12■人材開発の責任範囲

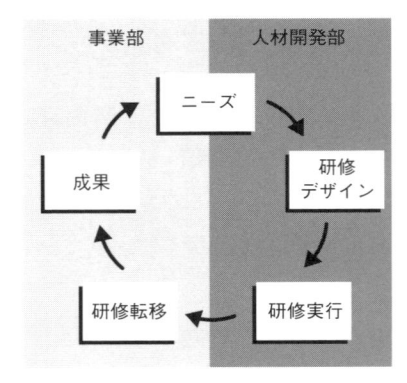

これまで、「研修転移」は、
現場の責任と考えられてきた

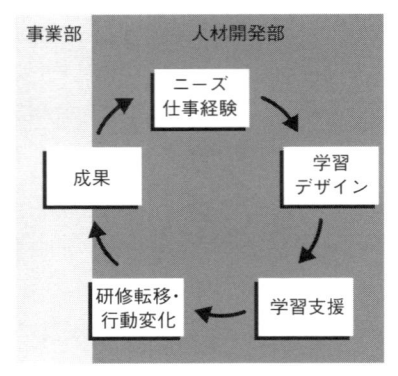

今後は、「研修転移」まで、
人材開発部門が責任を負うべきである

Weder（2014）『Turning Learning into Action』

初めから、研修開発の領域で、受講者の現場での経験、必要性を受けて、学習プロセスを設計し、受講者はそれに基づいて学習します。このときの学習とは「知る」、「理解する」、「知識を蓄積する」の３つのレベルを指します。

　そして「研修転移」を行い、受講者の「行動変容」を促します。それによって得られた成果の一部は純粋にビジネス領域のものであり、またその成果は研修開発の成果でもあるという循環です。

　研修前の準備、研修後のフォローも含めて責任を負わねばならないとすると、受講者にも人事担当者にも研修の明確な終わりはないことになります。人事担当者の負担が増える一方であることも無視できないでしょう。

　このように研修転移研究は、研修担当者とはどのような存在なのか？否、研修開発の仕事とは何か？をわたしたちに鋭く問うてきます。

　あなたの仕事は、どこからどこまでを指しますか？
　そして、あなたの仕事は、何ですか？

　日々の業務でこの問いに対する答えに毎日煩悶するのは厳しいものですが、期初や期末、あるいは、人材開発部門の理念やビジョンを作るときなどは、定期的に振り返ってみたい問いのように思います。

110　Weber, E.（2014）*Turning learning into action: A proven methodology for effective transfer of learning.* KoganPage.

第 2 部

研修転移の実践事例

前 章では、研修転移に関するアカデミズムの知的探究の歴史と理論的枠組みを見てきました。受講者の行動変容を促す研修を開発しよう、と考えるみなさんにとって、ややもどかしい思いもあったかもしれません。しかし、たとえ遠まわりに見えたとしても、こうした理論を学ぶことは、経営に資する研修を開発するための礎になります。

そのことをふまえつつ、いくつかの実践事例を紹介することにいたしましょう。ここに登場していただく6社は、それぞれ工夫に満ちたプログラムを開発させ、さらに実践を重ねることでブラッシュアップしてきました。

「反転学習」を取り入れることで研修転移を改善・向上させたファンケル。研修内容が、そのまま現場の問題解決に直結するという、まさに転移を目的化したヤマト運輸。機械メーカーとして長い歴史を誇るアズビルは、研修リマインドの手法を改革しました。

新入社員研修に、店舗活性化という実践的な取り組みを組み込んだのが三井住友銀行です。ニコンは、新入社員に1年間、先輩社員が「指導員」として密に支援する手法を長年続けて効果を上げています。ビームスは月1回、半年繰り返すOJT研修の面談を通じて、新入社員が早期に職場と業務になじんでいます。

おそらく、この6社は研修転移の最先端を行く企業といって差し支えないでしょう。各事例の最後には、中原による解説も付しましたので、あわせてお読みください。

Case1 ファンケル
…「反転学習」を軸とする究極の内製化研修が示した成果
Case2 ヤマト運輸
…研修内容がそのまま現場の問題解決に直結するブロック長・支店長ペア研修
Case3 アズビル
…テクノロジーを利用した研修リマインドが効果を上げる
Case4 三井住友銀行
…研修転移の要諦は実践を組み込んだ研修プログラムにあり
Case5 ニコン
…新入社員の第一歩を見守る「指導員制度」が研修転移のカギ
Case6 ビームス
…月1回、半年繰り返すOJT研修の面談の効果

ファンケル

「反転学習」を軸とする
究極の内製化研修が示した成果

研修転移の現状

- ●「反転学習」を取り入れたことで、研修転移が大きく促進された
- ● 社員の特性分析をふまえた「内製化率88％」の研修プログラムが、受講者の
  モチベーションを高めた

　かつては研修内容の定着度が低いことが問題視されていたファンケルの社内研修。研修に参加する社員のモチベーションにバラつきがあり、全体的に期待していた効果が上がらない、ということを繰り返していました。ファンケルが試行錯誤の末、研修を一新したのは2015年のこと。切り札になったのは「反転学習」でした。事前にビデオ教材で予習をすることを通して、それが「自分にとって役に立つ情報である」ことを感

「反転学習」がファンケルの研修を変えた

じさせ、学びの意欲を生じさせる。考え抜いた仕組みによって社員のモチベーションは好転し、研修転移が進むようになりました。

研修の位置づけと、これまでの経緯

- 2015年、「反転学習」を取り入れるなど、社内研修のプログラムを一新した

■研修の前に学ばせるという発想の転換

ファンケルは3年前に、抜本的に社内研修のあり方を変えた結果、研修転移が大幅に進みました。

そのポイントは何だったのか。中途社員向け、ならびに新任管理職のための研修を例に、研修の企画や運営の実際を見ていくことにしましょう。

ファンケルが研修転移の促進に成功した要因は、何といっても「反転学習」を取り入れたことです。

反転学習は、教育現場で用いられている欧米由来の学習手法です。授業と宿題の役割を「反転」させる授業形態であることから、その名がつきました。

一般的な研修は、講義を通して知識を伝達し、研修終了後に既習内容の復習をしたり、宿題を課すことで学んだ知識の定着を促す、というプロセスを取ります。

これに対して反転授業は、まず講義ビデオなどの視聴を通じて、授業の前に一通りの知識の習得を済ませておきます。ファンケルのケースでは、研修前に受講者がほぼすべての研修内容を、講義ビデオの視聴と、テストを受けることによって習得している点に特徴があります。研修では講義ではなく、学んだ知識の確認やディスカッション、問題解決をするケーススタディなどを行い、学んだ知識を「使うことで学ぶ」プログ

ラムを行います。グループで競わせたり、協働して学ぶことで、受講者の学習意欲を向上させて知識の定着を促すのが狙いです。

ファンケルは2013年に企業内大学「ファンケル大学」を設立するなど、社員教育に力を入れてきました。しかし、研修内容の定着度が期待通りに上がらないことが問題視されていました。そのことは、テストやアンケートの結果だけではなく、実際に、研修の場を研修担当者が深く観察して得た感触でもありました。当時、研修担当者の目には、研修内容が「講義を受けるだけ」というもので、明らかに受講者は学ぶ意欲が低い状態で、いかにも楽しくなさそうに映っていました。受講者は義務なので研修会場にやってきて、研修講師は通り一遍のプログラムで講義をするだけ。それでは研修転移など起こりようがない、というのが正直な感触だったのです。

では、どのように改善するか。研修担当者が模索するなかで偶然目にしたのが、山梨の教育現場で行われていた反転教育の導入事例でした。

たとえば、研修の前にビデオを見せたり、事前に研修内容を告知して「本人にとっていかに有用な情報であるか」を知らしめれば、まず受講者に「これを、もっと知りたい」という欲求が生まれるはず。何もなかった受講者の側に、学ぶ土壌が形成されるに違いない。要するに研修が始まる前に、受講予定者にはしっかりとした「学ぶ構え：学びのレディネス」を持ってもらうことに努めたのです。

そこから、ファンケルのトライアルが始まりました。

■受講者全員のビデオ視聴の進捗度を可視化

ここでは、中途社員向けと新任管理職向けの2つの研修を例に、ファンケルの反転学習について詳しく説明します。

研修の受講者は、2カ月前にメールで手順を通知されます。そして、イントラネットのHPから事前学習のフォルダーに対象者と研修題目が

書かれたシートがアップされ、そこに説明やテキストのPDFのリンクとビデオのリンクが貼られます。

　ここでビデオの流れを見てみましょう。受講者の学習を促進する工夫が凝らされています。

（1）オープニング：なぜその知識について知る必要があるのかを説く
（2）実際の学習内容
（3）ここだけは押さえておきたい、という項目の小テスト
（4）エンディング：講義の簡単なまとめ

　学習内容をいきなり講義し始めるのではなく、オープニングで学ぶ意義と目的をはっきりさせ、終わりに小テストで定着の確認をし、まとめを作るという流れがあることで、受講者は目的意識を持って視聴することができますし、内容の吸収率も向上します。

　受講者は2カ月前から研修当日までにビデオ教材を順番に見て、小テストを済ませます。学習ビデオは中途社員向け研修が50本、新任管理職向け研修が96本あります。1本は短いもので5分以内。多くは10分から15分という長さのものです。そして、最後に確認の小テストが必ずついています。

　中途社員用の内容は、知的財産権、独占禁止法、会社の数字の読み方、薬機法など。新任管理職用はそれに加えて人事考課、労務管理、内部統制など、さらに多くの科目が課されます。

　ビデオは個人のパソコンで見るのが原則ですが、就業時間中にビデオを見ることに抵抗がある人のために、中途社員向け研修ではいっせいに集まってのビデオ視聴会も設けています。試聴会は研修前1カ月前と2週間前に2回設定されています。今では、その視聴会の利用者は受講者のうち半数以上にものぼるそうです。

　ただビデオを見るだけではありません。受講者の競争意識を刺激する

仕掛けがあります。同日に研修を受ける対象者全員のビデオの視聴本数の進捗度が、イントラネット内で可視化されるのです。それによって、仲間の状況がわかるので、落ちこぼれてはならないという、社員自身のモチベーションが働きますし、受講者同士は半ば競い合う形で、当日までに確実に視聴と小テストを終えることになるのです。

このような仕掛けを伴った反転学習の導入によって「何となく研修を受ける」人はいなくなりました。また、ビデオはただ消化するだけではなく、必ず見終わったあとに小テストがあるため、自身で学びを振り返る工夫もされています。

教材は中途社員用で全部見ると約3時間半、新任管理職用で6時間にもなります。業務のすきま時間に細かく消化してもらえるよう、単元を分けて10分から15分の短いものに区切って作るように工夫されています。これは学習者の集中力を保つためでもあります。前述の通り、研修前の段階で同じ研修を受ける人がいま何本見終わったかという進捗率が可視化されているので、その意味でも細かく区切っているほうがやる気が起きやすいといえます。

ビデオのオープニング画面

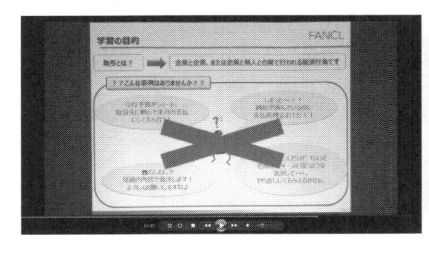

学習内容

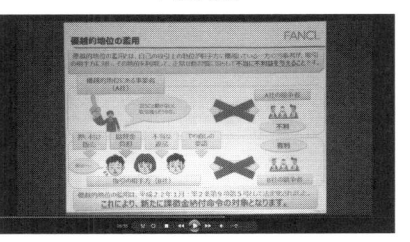

研修中の工夫

● 研修はケーススタディと確認テストを中心に進められる

■反転学習の効果で確認テストの合格率は 48.1％から79.3％に上昇

　このような事前学習をふまえて、集合研修を行います。あえて同じ部署ではない人同士と数人ずつでチームを組み、自己紹介をし合い、親交を深めるアイスブレイク、講義、チームでのディスカッション、課題解決、というのが主な流れとなっています。

　講義は、講師が一方的に話すのではなく、すでに事前ビデオ学習で身についていることが前提の知識を用いて、応用問題としてケーススタディを行います。たとえば、取引先との購買手続きや法務手続きなどについて、ケースを用意して、まずどうすればよいか考えさせるのです。

　グループでいくつかの事例に取り組み、その事例についてグループごとの意見や取り組み方を発表するという学習者参加型で進めます。

　事前のビデオ１本ごとに取り組む小テストとは別に、研修２日目の終了時にもテストを行い、定着度を測ります。

　この流れで業務ルールを学ぶのが中途社員研修で、新任管理職研修では、これに人事考課、労務管理、内部統制などが加わります。

学習ビデオ1本ごとに小テストを受ける

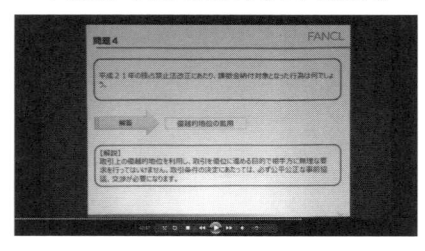

ケーススタディの例
「新商品の発売記念の案内チラシを作ることになったＡさん。Ａさんと制作会社とのやり取りの事例を見て、やってはいけないことと、

やるべきことを考えなさい」

　こうしたケースをグループで考えさせます。単に正解を答えさせるのではなく、グループ・ディスカッションで考えるというプロセスを大事にします。

　チラシの作成は営業部門の担当者が経験することが多く、このケーススタディが現場でもそのまま応用できるメリットもあります。このケースでは手順として、オリエンシートを使って必要事項を制作会社に伝えるという流れや、納期がいつかなど指示するポイントを確認します。同時に、こういう行動はトラブルになる、あるいは法令違反になるのでやってはいけない、ということも指摘しなければなりません。

　グループ・ディスカッションにすると、活気が出て、質問も出やすくなります。このように集合研修ではインタラクティブであることを重視しています。また、仮にグループ全員に関係のあるケースではなかったとしても、各グループにその知識を必要とする人を一人配置し、その人を中心にケーススタディを進めます。

　各グループは意見を集約して発表します。ただ、発表そのものは評価をしたり、合否をつけるものではありません。受講者にはグループ・ディスカッションや発表自体が、講義内容を身につけ、能動的に講義の内容を自分のなかに取り込むための格好の訓練の機会になっています。

　そして、研修の最後には、学習内容をふまえた総合的なまとめのテストを行います。確認テストの点数が悪ければ再試もありますが、再試で落ちる人はほとんどいません。

　反転学習を取り入れる前の中途社員研修の確認テストの合格率（80点以上で合格）は48.1％だったのに対し、反転学習採用後は79.3％にまで上昇しました。いかに新たな研修手法の学習効果が高いかがわかります。

グループ・ディスカッションを交えて研修は進行する

研修後の工夫

- ●複数回のアンケートを実施し、PDCAのCAを徹底する

■研修後のフォローアップ

　研修前、研修中のさまざまな工夫は見てきた通りですが、ファンケルは研修後のフォローアップにもかなりのエネルギーを投じています。

　まず、研修終了後には、その場でアンケートを実施します。理解度を定性、定量で測るもので、受講者の主観による評価と、確認テストなどの客観評価の両方の尺度を入れています。

　たとえば主観の質問としては、

- ・「XXの内容は理解することができたか　はい／いいえ」
- ・全プログラムについて5段階で評価
- ・ビデオを見る前と後の理解度を3段階で評価

アンケートの第一の目的は、研修担当者が効果の検証をすることにありますが、もう一つの目的として、受講者自身が研修を振り返り、自分の理解度を確認することが挙げられます。また、そのことをアンケート実施の際に、あえて受講者に訴求することで、アンケートに真摯に答えてもらえるだけでなく、実際に受講者自身の研修の整理、まとめにもなっています。

　この段階は第1部で解説したカークパトリックの「4レベル評価モデル」にあてはめるなら、「レベル1：反応」、「レベル2：学習」に相当するものといえます。

　さらに、1カ月後の評価として「研修内容の活用度」アンケートを実施しています。まさに研修転移がなされているかどうかを聞くものです。

　購買関連の法令を例に取って、評価基準を説明します。

1段階目＝法令について自分が何がわかっていないかがわからない

2段階目＝法令について知識を得たがそれを使いこなせない

3段階目＝法令について、研修で得た知識を適切に使いこなせる

4段階目＝法令についての知識を自然に使いこなし、周りに教えているような状態

　以上は、「学習の4段階モデル」[110]に沿った項目で4段階で評価するもので、研修転移のレベル1から4に置き換えて考えることもできます。

　アンケートの回答と評価の例を挙げます。

110　人間がものごとを学習するプロセスを4つの段階に分け説明している
1．無意識的無能（知らないしできない）
あることに関して何も知らず、知らないということさえも知らない状態
2．意識的無能（知っていてもできない）
あることに関して知識を得たが、技能がともなわずそれを実践することはできない状態
3．意識的有能（考えるとできる）
あることに関してある程度はできるが習慣化されておらず、それを行うためには意識的に考えなくてはできない状態
4．無意識的有能（考えなくてもできる）
意識しなくても自動的にあることを実践できている状態
意識、無意識、有能、無能をかけ合わせた4つの段階を想定する

ある法令について聞かれたが、わからなくて他者に対応を任せてしまった、は２に相当する。

　ある法令について、研修資料の必要箇所を確認しながらルールを遵守できる、は３に相当する。

　ある法令について、何も見なくても自然にルールを遵守している、職場のメンバーに質問されて教えている、は４に相当する。

　アンケートに学習の４段階モデルを採用したのは、研修転移を明確に測定するためです。

　経年で効果を振り返ったり、研修の改善の効果を比較するためにも、同じ評価軸で何年も使い続けられるものが望ましかった、という事情があります。

　１カ月後の振り返りアンケートでは、反転学習を取り入れた前後で、「正しい手順で行う、ルールや法律を遵守するといった行動ができるようになった」という回答が、あくまで自己評価ではありますが、13.0％から47.5％に上昇しました。これは「４レベル評価モデル」でいう、「レベル３：行動」に相当するものです。

　アンケート結果は、受講者が研修担当者に対して「お世話になった」という気持ちからのお世辞や配慮もあるため、研修のビフォア・アフターの自己診断は、研修担当者に好意的なバイアスがかかっていることを考慮しなくてはなりません。「研修の後では、知識を応用できるようになった」といった主観のアンケートの軸と、テストなど、点数化できて、客観的に知識の定着度が測れる方法とを併用して検証することが大切です。

　研修によっては、内容の活用度を見るのに、上司の評価を用いる場合もあります。たとえばロジカル・コミュニケーションという研修では、１カ月後、受講者がその知識をどれだけ活用できているか、上司に評価とコメントを提出してもらい、それを研修の検証としても利用し、研修の改善に活かしています。

反転学習を採り入れる以前、集合研修だけを行っていた時代には、研修の検証の部分が決定的におろそかになっていた、と担当者は振り返ります。PDCAのサイクルでいえば、PDだけに労力をかけていて、CAがなおざりにされていたということです。

　それで、何となく研修がうまくいっていないという感想を誰もが抱いたとしても、具体的にどの部分がどのように問題なのか、受講者の知識の定着度はどの程度なのかなどを把握する術がありませんでした。したがって、どの部分を改良するべきか、受講者は何がわかっていないかなどということが明確でないまま、効果的な改良も行えずにいたのです。

　いま研修担当者はCAをする、つまり効果の検証をすることまでを仕事の一つの単位と考えています。たとえば、何か業務に取り組むときには、いつまでに検証の結果も含めて報告するのか、ということを事前にスケジュール立てをしているのです。

　このように、研修後のアンケートやテストなどは実施しただけでは意味がありません。それを改良のための資料として、しっかり使うことまでが研修企画であるともいえるでしょう。CAに時間をかけることができれば、無駄な研修やおもしろくない研修は減っていくはずなのです。

　研修担当者がいうには「PDCAサイクルをまわすためには、CAをしっかりするとPDが楽になる」。つまり、研修がうまくいかない場合に、さまざまな会社から提案される新しい研修プログラムを次々に試したり、教材をやみくもに変えるのではなく、しっかりできていない現実を直視して、改良できることは何かを考えて取り組むのが、実は近道だということです。

　ですから研修担当者は、研修会場でディスカッションの様子などを適宜チェックし、受講者の反応が今一つならケースを変えるなど、つねに研修の検証とその反省に基づいた改善を続けています。

■なぜ反転学習が有効だったのか

　研修担当者は当初から、「講義だけをじっと聞く研修では意味がない。ほかでもないファンケルの社員が来てよかったと思える研修、研修と聞くとこれまでは気が重かったが、行ってみたら楽しかった、といってもらえる研修に徐々に作り変えていくことが大切だ」という強い意志を持っていました。

　そして、その狙い通り、ファンケル大学の研修がおもしろかったという噂が徐々に社内に浸透し、研修が楽しみという声が研修担当者にも届くようになりました。研修に行ってきた人が「おもしろかったよ」と同僚に話すという、口コミ効果は絶大です。まだ研修を受ける前の受講者や潜在的な受講対象者も、研修に対する前向きな気持ちが持てるようになり、モチベーションも上がります。

　そうした社内の反響もあり、反転学習の採用から１年で、職場の理解は高まりました。たとえば、新任管理職研修の受講者同士が、誘い合ってビデオを一緒に見ながら昼食を取るという光景さえ見られるようになりました。

　なお、就業中にビデオを見るのははばかられるので、見る機会を設けてほしい、という要望は、ほかならぬ研修後のアンケートに書かれたことでした。研修担当者はすかさずこの声を取り上げて、ビデオ視聴会を設けるという形でアンケート結果を活かし、PDCAのサイクルをまわした、ということです。

　反転学習について特筆すべきは、事前のビデオ学習をみんなで誘い合って、視聴ルームで見る、という習慣が生まれたように、視聴率が可視化されていることで、主体的にビデオを見てもらえるようにした、という点です。

　視聴率が可視化されていることは、前向きに、自分も遅れているから早く追い付こう、という正のモチベーションとして働いています。確認

テストで合格点である８割を取れなければ、純粋に他の受講者に対して恥ずかしいし、その知識を身につけた自分でいたい、という思いを持たせることに寄与しているのです。

　以前は視聴率が低い受講者にアラートを出すようにしていました。しかし、最近ではアラートなしでも、研修当日までにビデオ視聴を終える人がほとんどです。このことからも、社員が自主的に反転学習に取り組んでいる現状がうかがい知れます。

　このように反転学習が根づいたのはなぜなのでしょうか。

　研修担当者は、受講者の学習定着度や理解度が上がり、研修が一方的だったという課題が解決できたからだと分析しています。それは、受講者自身が学習の効果を実感できていて、完璧に知識を吸収していなかったとしても、少なくとも自分の足りない部分を知って、引き続きさらに学習する意欲を持ったり、研修の知識を現場で役立てているということです。

　反転学習を取り入れた後、確認テストの数値が上昇したことは前にも述べました。受講者が、知識が身についたことを実感することは、とても重要です。

　研修転移がうまくいくポイントとして、研修担当者は「自分で気づくこと」を挙げています。

　別の研修の事例となりますが、たとえばプレゼンの仕方を教えようとするとき、もっとも効果的なのは、一度本人の思うようにさせてみた動画を撮って、それを本人に見せることです。できていないことに気づくと、改善したいという思いも生まれ、能動的な向上心が湧いてくるものです。

　受講者が自分のできていることやできていないことに自分で気づけば、できていることをさらに伸ばし、できていないところを学ぼうとして、自分から行動するようになります。研修はいかに本人に気づかせるかが

勝負ともいえます。

　その「自分が気づく」ための環境をいかに用意できるかということが、研修に求められているものです。ビデオ視聴率の可視化は、自分がまだ必要な事項を学習できていないことに「気づく」わかりやすいきっかけです。また、ディスカッションで他人の意見を聞くことも、自分にない視点や学び方を知る、「気づく」きっかけになります。

　研修の内容を検証するとき、社員が「気づきやすい」環境の研修になっているか、研修当日までの流れが「気づきやすい」プログラムになっているか、研修後のフォローも社員に「気づきを与える」ものなのかという観点も大切なのです。

　「社員の育成というのは、結局のところ、自律させること（自分で自分自身を成長させられること）。自分でやる気になれる、自分で気がつく社員にする、自分でもっと学びたくなる社員を育てることであり、そのための研修でもある」というのが、研修担当者の認識です。

　人は押し付けられたものに対して能動的に取り組むことは、ほぼありません。強制には教育の意味も効果も薄いのです。仮に強制を続けることで、確認テストの点数が伸びたとしても、いわれたからやっている社員を量産するだけになってしまうでしょう。

■全社員研修で社員の特質を把握

　ここまで、反転学習と研修内容、効果測定について見てきました。工夫されたプログラム内容は、なるほど研修転移を促進する効果を高めたに違いありません。

　一方で見逃せないのは、ファンケルの研修プログラムは徹底した内製の産物であることです。反転学習用のビデオもすべて内製によるものですし、研修講師も各専門部署の社員が登壇しています。

　そして内製化の大前提として、全社員の研修によって社員の特質を把

握し、その特質をふまえて研修プログラムと、さまざまな支援の仕組みを作ったことも注目に値します。

　ファンケルでは反転学習を取り入れる前に、社員約1000人に対して、各回20人ずつ、合計約50回、5人の研修担当者で、ファンケル創業の精神への理解を深める「創業理念研修」を実施しました。そして研修を受けてもらう際に、研修担当者一人が必ずファシリテーターとして、研修に参加した社員と向き合う機会を得たことが、その後の研修企画に計り知れない実りをもたらしました。

　少なからぬ企業内研修は、ニーズに見合ったプログラムを外注して、すでにある程度確立している汎用性の高いものを取り入れて実施されます。それらは、普及に耐えるよう、よく練られているとはいえ、もちろん各社に最適化されているわけではありません。また外部のコンサルティングで、自社の強みや弱みなどを分析してもらったところで、コンサルタントはとうてい社員全員と接触できるわけではなく、会社の特質のとらえ方も、概括的なものになりがちです。

　ファンケルの場合、研修担当者が1000人の社員一人ずつと接してみることで、ある程度、共通の資質が見えてきたのです。

　まず、全般に真面目な印象を受けたといいます。そんな特質の一つの表れかもしれませんが、「間違えるのがいや」、とくに他人の前で間違いを指摘されるのがいやだと思う人が多いこともわかりました。答えを押し付けられることには強い抵抗を示す反面、自分が納得して得た答えは素直に受け入れられる傾向も見られました。

　また、対人コミュニケーションにおいては、知らない他者とコミュニケーションを楽しむのに時間がかかるものの、ひとたび安心して話せるとわかれば活発に議論したり交流できる特質も見出されました。

　研修担当者はこうしてじかに触れた社員の実像、特性を活かす形で研修の変革を進めたのです。たとえば真面目で間違えるのがいや、という

特質は、事前のビデオ視聴率の可視化として反映させ、成功しました。

　みんなの前で間違いを指摘されるのがいやなので、研修で、一人だけ指名されて答えさせられることは望みません。それよりも、誰かひとりの責任ということではなく、みんなで合議をしてグループの答えを探るグループ発表が向いているのです。グループのなかでいろいろな意見を出し合って、一つの形に合意形成する過程を経ることで、答えの押し付けではなく、納得して受け入れられます。

　社員の気質を知ったことで、それを研修に活かす工夫は枚挙に暇がありません。

　研修のなかで小テストなどを実施するときに、自分で答え合わせをせず、隣と交換して答え合わせをします。それがわかっているので、間違えると恥ずかしいと思って、事前に必死に取り組みます。

　社員の傾向をつかまず、研修を企画するのは無意味です。社員が社員のための社員研修を作ること、研修を内製化するメリットは、1000人研修で社員の気質を理解した上で組み立てた研修に、ほぼ失敗がないことからも明らかです。プログラムはどのように組み立てれば、いい意味で「社員受け」がいいかがわかり、具体的な社員の顔を思い浮かべながら工夫を重ねていくことができるからです。

　もちろん気質がわかったところで、それで終わりではなく、大切なのはそれをどのように研修プログラムの改良に活かすかです。最低限、社員の大まかな傾向さえわかっていれば、モチベーションのスイッチを正しい方向に押すことはあっても、逆撫ですることはないはずなのです。

■企業の遺伝子を次代に伝えるという創業者の思い

　最後に、研修転移が活発な研修が可能になった、ファンケルならではの背景について解説しておきます。

　創業社長の池森賢二氏は、2005年に名誉会長となり、経営の第一線

から退きましたが、同社の経営を立て直すため、2013年1月に復帰。全社員を受講対象とした「ファンケル大学」を設立しました。

　ここでは、創業理念や行動を見直すための研修、次世代経営者層の育成、店舗スタッフ向けのスキンケア、メイクアップ、顧客のカウンセリング、電話窓口スタッフ向けの電話応対などの専門教育の研修や、社員向けの自己啓発や専門知識に関する各種研修が行われています。

　大学設立は、創業理念、ファンケルらしさが薄れていくことへの懸念、次世代の経営者層育成の必要性、店舗・電話窓口スタッフの知識不足、研修機会の不足を解消するためでした。これまで、教育部隊は各部署にばらばらに点在していたところ、教育の基軸となる機関を設けて一元化し、体系的に研修を実施する構えができたのです。設置から3年目となる2015年度には、グループ会社含め、年間のべ7019人が研修を受けました。約1000人の正社員に対して、創業理念やファンケルらしさを再確認する研修もこのとき行われました。前述の、社員の気質を知るための1000人研修がそれです。

　創業者が第一線に立ち、その遺伝子を次代に伝えるという強い使命があり、社員教育のためのファンケル大学という組織を作る、というのは、かなり特異なケースかもしれません。

　大学設立の際に、既存のルールやしがらみにとらわれることなく、さまざまな試行錯誤をしたり、まったく新しい試みが許される空気があり、経営方針に沿って新しいことを実践できた環境も、ファンケルの研修が成功している大きな要因です。

今後の課題

● 研修転移がより効果的になるような「研修分析」を開拓する

　ファンケルは研修内容の改良に関して、今後は新しい研修にチャレン

ジしつつ、PDCAのサイクルをまわすことも重んじています。

　同時に中長期での目標は、説明できない研修の効果を、それでもどのように周囲に認知させていくか、客観的に証明する手段があるかを考えることだといいます。他社との情報交換で、研修の効果測定に悩む会社に、自社のノウハウで一般化できる部分があれば、伝えていきたいという思いもあります。

　実際、これまで見てきたように、検証は、とくに一貫した評価軸があるわけでもなく、どの会社でも悩みの種です。研修転移がより効果的になるような「研修分析」をテーマとして開拓していきたい、というのが研修担当者のはるかな目標です。

事例解説

　ファンケルの研修の特徴は反転学習を採用し、研修転移を進めていることにあります。

　反転学習は英語でFlipped classroomといい、2014年頃からアメリカで注目され始めた学習方法です。

　反転学習では、本来対面で行うような一方向の情報伝達型の講義内容を、SNSやビデオなどの伝達手段を用いて事前に予習として行っておきます。

　そして、対面ではワークショップや協調学習などの演習活動を行います。その名の通り、学習の中心だった講義の位置づけを反転、引っくり返し、予習や宿題にするという点が最大の特徴です。

　高度情報通信社会では、学習や学問において、必要な知識量は増加の一途をたどっています。かたや授業時間は有限ですから、あふれる知識を教室外で学ぶのは合理的であり効率的です。

　たとえば、医療技術は発展のスピードが速いので、医学の学習には反転学習がよく用いられているようです。

　企業研修でも反転学習を採り入れるところが年々増えています。アプリやテンプレートの充実で、誰でも簡単にビデオ動画を作れるようになったことも大きいでしょう。

　反転学習を研修に用いる利点は主に以下の４つです。

（1）事前情報として知識を仕入れておくことで、レディネス、つまり学ぶ準備ができた状態で研修を受けられること

（2）従来は研修で情報伝達が行われていた部分を予習してくることで、研修の場ではその情報を活用した、グループ学習なり協調学習が行えること

（3）事前に個別に予習や復習をすることで、学習者間のレベル
　を合わせることが可能になること

（4）確認とセットにすることで、学習者の理解度や、既有の知
　識を把握したうえで、研修が行えること

　　ファンケルではこうした効果が十全に表れており、実際に知
識の定着率が上がっています。

　　なお、ビデオが10分から20分で作られ、視聴率が可視化さ
れていることは、事前に教育担当者が全社員に接する機会を持
ち、社員の学び方の特徴を把握し、その特徴に即した学び方を
選択した結果です。

　　どの現場でも、自社の社員の学び方に応じた研修方法や研修
のあり方が求められています。同時に、働き方改革の掛け声が
喧しい昨今、長時間労働の是正が急務で、人材開発もこのこ
とと無縁ではありません。いかに短い時間で効果を上げるかは
研修においても、最重要課題なのです。

　　その意味でも、デジタル技術やメディアの活用した反転学習
は新しい時代の人材開発に対応する手段として、今後いっそう
注目が高まるでしょう。

ヤマト運輸

研修内容がそのまま現場の問題解決に直結する ブロック長・支店長ペア研修

研修転移の現状

- 新任支店長とそのメンターに当たるブロック長とがペアになって研修を実施する
- 担当エリアのデータを基に意見交換し、アドバイスを行う。事前課題がそのまま職場の問題解決となり、研修内容が地続きに実務に活きる

ヤマト運輸の支店長は、担当エリアの地域経営を担います。新任支店長にとっては、いきなり40人から50人もの部下の管理を任されるのですから、その重圧はかなりのものです。

新任支店長がまず受講するのが、メンターに当たるブロック長とともに学ぶペア研修。担当エリアのデータを事前課題としてまとめた上で、それを題材として他の支店長とディスカッションし、またブロック長からアドバイスを受けます。その研修を通して、新任支店長は地域経営

新任支店長とメンターに当たるブロック長がペアになって行う研修

への理解を深め、実践に使える知識や意識を身につけることになります。

研修の位置づけと、これまでの経緯

●「ブロック長・支店長ペア研修」を通して、支店長経験が豊富なブロック長が、
新任支店長のメンター役となりマネジメント意識を醸成する

　ヤマト運輸では、初めて管理職になった新任支店長とそのメンターに当たるブロック長をペアで呼んで行う研修があります。

　ヤマト運輸のトラックを運転し、荷物の集配業務や営業を行う、現場の最前線に立つ社員を「セールスドライバー」（SD）と呼びます。このSD 6 ～ 9 人を束ねるSDのリーダーに当たるセンター長が昇進し、初めて経験する管理職ポジションが支店長です。支店長として、一つの支店を受け持つと、いきなり40人から50人の部下の管理を任されることになります。支店の予算管理、労務管理など、数字の管理が双肩にのしかかってくるのです。

図2-1 ■支店長は初めて経験する管理職ポジション

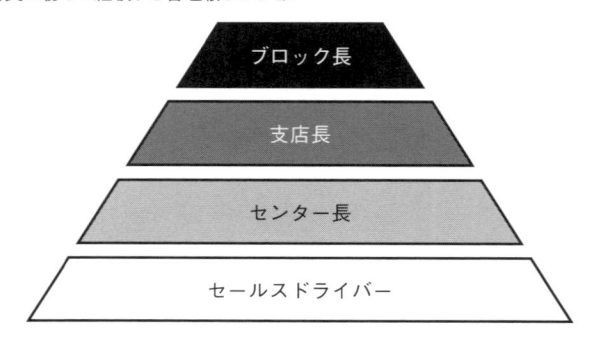

　このように自分自身はセールスドライバーとして現場に出ることがなくなり、業務の種類が完全に変わります。この新任支店長に対して、自身も支店長として経験が豊富で、いくつかの支店を統括・運用・調整するブロック長という役職の管理職がメンター役となり、支店長の業務や

心構えなどを伝授するのが、「ブロック長・支店長ペア研修」です（図2-2）。

　ブロック長とは、支店長経験が比較的長いベテランの支店長を指します。自身も支店長として一つの店の経営をしながら、まわりの4～6支店の支店長の成長支援や全体調整を行う、新任支店長にとって上司ではないものの、頼れる「兄貴分」です。

　ここで研修転移の効果を上げるポイントになるのは、3点です。

　まず、研修をペアで行い、研修の流れのなかに、教える、教えられるという関係性を確立させるための土壌作りのステップが設けられているということです。

　2つ目は、事後にアンケートや対面インタビューが設定され、アフターフォローがあるため、研修が研修当日だけで終わっていないということです。

　3つ目は、事前課題や研修内容がそのまま現場の問題解決につながる、あるいは受講者の、職務上の不安や疑問の解消のために寄与しているという意味で、「近転移」の例であることです。

　それでは、まずペア研修の効果について見ていきましょう。

■ペアになる前の準備でペア研修をより効果的にする

　ペア研修は2日間。1日目はブロック長（先輩）のみに対して個別に行われ、2日目は新任支店長と合同で行います。

　ペア研修とはいえ、最初から組になるわけではありません。あらかじめ先輩であるブロック長が、自分の業務を再認識すると同時に、今回の研修で新任支店長にいかに教えるのかという「教え方」を学び、なるべくブロック長が持っているノウハウを伝えやすい準備をしておくというのです。

　後輩である新任支店長は、事前課題として、自分の担当支店の定性的、

図2-2 ■「ブロック長・支店長　ペア研修」の内容

When	時間	What　内容	How　手法	Why　目的	What may happen　参加者の反応
1日目	9：00	1.オープニング（導入） ○ブロック長としての悩みと工夫	○意見交換	・悩んでいるのは自分だけではないという連帯感を醸成する ・他主管のブロック長の工夫を聞くことで、今後の現場実践のヒントを得る	「みんな同じだよなあ」 「その工夫、自分もやってみよう」
	11：00	2.ブロック長としての「あるべき姿」 ●支社長講話 ○ブロック長としての「ありたい姿」	●講話 ●レゴ作成 個人→グループ	・支社長講話により、ブロック長の役割の再認識を行う ・会社からいわれたからではなく、自らが望む「ブロック長像」を、レゴを使って表現する	「そういえば、自分自身はどう考えているんだろう？」 「作ってみて、改めて自分のありたい姿が見えてきたかも…」
ブロック長のみ	13：00	3.支店長に対する指導・支援 ●ブロック長に期待される「支援行動」 ○教え上手とは？ ○支店長のレベルに合わせた指導 ●ティーチングとコーチング	●講義 ○意見交換 ●講義 ●講義　○演習	・支店長の孤独さを再認識し、ブロック長による支援の必要性を理解する ・「教え下手」を反面教師に、「教え上手」を理想像としてイメージする ・支店長の「知識・経験」度合いによって、教え方を変える必要性を理解する ・具体的な指導の仕方を実習を通じて習得する	「確かに支店長は孤独だよなあ」 「なるほどね。確かにそれはあるかも」 「こうやって教えれば、確かに伝わるかも」
	16：30	4.絵（ビジョン）を描き、道筋を示す ○仮想エリア支店の現状分析 ●ビジョンの重要性 ○ビジョン実現に向けて	○個人作業 →意見交換 ●講義 ○ペアコーチング	・同一ケースに対し、他のブロック長の見方考え方を共有し、自身の「引き出し」を増やす（それを2日目の支店長への指導につなげる） ・支店運営におけるビジョンの重要性を再認識する ・仮想ケースに対して、前段の講義で学んだコーチング手法を使って、相手が思い描くビジョンとその実現案を引き出す練習を行う（2日目に支店長に対して行う指導の模擬演習として）	「自分は思いつかなかったけど、そういう見方もあるのかあ」 「なるほど、こうやってブロック長に聞かれたら、支店長は答えやすいかも」
2日目	9：00	【支店長】 1.オープニング（導入） ○支店長としての悩みと工夫	○意見交換	・悩んでいるのは自分だけではないという連帯感を醸成する ・他主管の支店長の工夫を聞くことで、今後の現場実践のヒントを得る	「みんな同じだよなあ」 「その工夫、自分もやってみよう」
		【ブロック長】 1.オープニング（導入） ○支店長　事前課題の確認	○個人作業 →意見交換	・支店長が持参した「自店データ」を基に、アドバイスの案を検討する	「この辺を、こういう風に伝えてみよう」
ペア研修	10：30	2.ペア研修 ○「SPトランプ」による相互理解	○SPトランプ	・ブロック長と支店長同士がSPトランプというツールを使って、お互いの内面を知ることで、これまでの苦手意識の払拭や、今後の接し方のヒントを得る（あえてゲーム感覚で行うことで、お互いの本音が見えやすくなる）	「今までは気づかなかったけど、本当はこういう人だったんだ…」
	13：00	3.絵（ビジョン）を描き、道筋を示す ○お店の現状分析 ○ビジョン実現に向けて	○3ペアコーチング ○レゴ作成 個人→3ペア	・他ブロック長の支店長への指導方法から学ぶ（自分のブロックの支店長への指導は、つい高圧的なものになりがちなことに気づく） ・支店長の想い（レゴで表現）を理解したうえで、具体的な実現策のアドバイスを、支店長のレベルに合わせて（ティーチングまたはコーチング）行う	「（ブロック長）こういう伝え方もあるんだな」 「（支店長）これなら自店ビジョンの達成につながるかも」

定量的なデータをシートにまとめ、解決すべき課題を抽出しておきます。自分の業務を一歩引いた視点で総括し、つまずきや課題をあらかじめ把握することで、2日目に先輩であるブロック長と組んだ研修で、教わることを十全に吸収できる態勢になっています。

このように、実際にペアで研修を受ける前に、教える側と教わる側の両者が、効率的に教え、教えられるプロセスが研修に仕組まれています。

では、具体的に何をするのでしょうか。ブロック長と、新任支店長との研修メニューを少し解説します（図2-2）。

研修前の工夫

- ●後輩である新任支店長への教え方をロールプレイングなどを通じて学ぶ

■ブロック長の役割確認と指導方法の学習

1日目はブロック長のみの研修です。内容は大きくわけて2つあります。

1. ブロック長としての役割を自ら掘り下げて考え、同じブロック長同士とのディスカッションや、全国を10地域に区分した地域経営の最高責任者である支社長の講話などで再確認すること
2. 後輩である新任支店長への教え方をロールプレイングなどを通じて学ぶこと

セッション1：ブロック長同士のディスカッション

ブロック長は1日目の最初のセッションで、自分の職務上の工夫や悩みについて、ほかのブロック長と意見交換し、ディスカッションします。

ふだんの業務のなかでは、都道府県をまたいで同じ職位同士で相談や連絡し合うことは少ないため、それぞれ、地域ごとの特色を話したり、

共通の課題について認識を深める貴重な機会でもあります。悩んでいるのは自分だけではない、という連帯意識もこの場で醸成されます。他のブロック長の工夫から、現場で採り入れられそうな業務改善のヒントを得ることもあります。

セッション２：ブロック長として、自分のあるべき姿の模索

　次に、地域経営の最高責任者である支社長の講話を聞き、ブロック長としてのあるべき姿、ブロック長の任務について再認識します。

　「あるべき姿」の講話を受けて、それでは自分はブロック長としての任務をどう考えているのかと自分に問い直し、レゴを使ってブロック長として「ありたい姿」を各自表現します。レゴを使うことで、抽象的でなかなか言語化しにくい思いを表現するのです。会社からいわれたからではなく、自らが望むブロック長像について自由な発想で考えたり、作ってみることで、あらためて自分のありたい姿が見えてくる、という効能があります。

セッション３：新任支店長への教え方を学ぶ

　ここからは翌日の合同研修で実際に後輩を指導するためのスキルアップの研修です。後輩である新任支店長に対する指導・支援の仕方を具体的に学びます。

　まず講義で、ブロック長に期待される新任支店長に対しての「支援行動」は何かを理解します。

　新任支店長の孤独を再確認し、ブロック長による支援の必要性を学ぶのです。かつて自分が新任支店長だった時代を思い返すこともあるでしょう。

　講義後、ブロック長同士で、「教え上手とは？」というテーマで新任支店長への教え方について意見交換します。

　「教え下手」の例を考え、それを反面教師に、「教え上手」の例を考え、

それを理想像としてイメージするのです。悪い例とよい例の両方をイメージすることで、自分が教えるときに注意するポイントが明確になります。

さらに、ペアとなる支店長のレベルに合わせた指導をするための講義も受けます。支店長の知識や経験の度合いによって教え方を変える必要性を理解します。

このセッションの最後は教え方についてさらに理解を深めます。

ティーチングとコーチングについての講義ののち、演習で、具体的な指導の仕方をブロック長同士でロールプレイングをして習得します。それによって、「こうやって教えれば確かに伝わるのではないか」という手応えが得られます。

セッション４：ビジョンをいかに持ち、実現するか

１日目の最後に行うセッションは、支店運営の絵（ビジョン）を描き、細かな業務を超えて、自分が管轄するエリアの今後の方向性や道筋を示せるようになるためのものです。

まず、ブロック長個人の作業として、ある仮想のエリア支店について現状分析をします。それを持ち寄って、ほかのブロック長と意見交換します。同一ケースに対し、他のブロック長の見方や考え方を知ることで、自身の「引き出し」を増やし、それを２日目の新任支店長への指導につなげる意図があります。

次に支店運営におけるビジョンの重要性についての講義を聞きます。

新任支店長はとくに、日々の業務に追われ、支店長としてのビジョンを持ちにくいきらいがあります。そこで、なぜビジョンを持つことが大切なのかが講義で説かれます。また、ビジョンを持つには日常の業務から少し距離を置いて、時間的にも空間的にも広い視野を持って自分の置かれている状況を分析することが必要であることを理解します。長いスパンで目標を考え、近隣地域など他エリアとの関連で自分の受け持ちの

地域の重要性や特異性などを考え、また組織内での自分のポジションについても考える必要があります。

　上記をふまえて、ビジョンの実現に向けての指導の演習をします。

　ここで、すでに3時間目に学んだ「コーチング」手法を用い、ブロック長同士で教える側、教えられる側のロールプレイング、「ペアコーチング」を行います。仮想ケースに対して相手が思い描くビジョンとその実現案を引き出す練習で、これが2日目に新任支店長に対して行う指導の模擬演習ともなります。教えられる側である「新任支店長」役を経験し、「こういう聞き方をブロック長がすれば、新任支店長は答えやすいかもしれない」というヒントも得られます。

研修前の工夫

- 事前課題として、自分の支店のデータと課題を記入したシートをあらかじめ提出する

■ペア研修　新任支店長と上司のブロック長との共同作業

　2日目はいよいよ実際に教える側＝ブロック長と、教えられる側＝新任支店長がペアを組んでの研修になります。新任支店長は事前課題として、自分の支店のデータと課題を記入したシートをあらかじめ提出し、それに添って、問題点や解決方法をブロック長が新任支店長に指導するのが大きな流れです。

セッション1：新任支店長の悩みの共有、自店の課題確認

　2日目のペア研修の実際を見てみましょう。まず、新任支店長、ブロック長それぞれに分かれて導入のセッションを行います。

　新任支店長は、支店長としての悩みと工夫について他の支店長と意見

交換をし、悩んでいるのは自分だけではない、という連帯感を醸成します。これは1日目にブロック長同士が連帯感を共有するのと同じです。またほかのエリアの支店長の話を聞くことで、今後自分の持ち場での実践に活かすヒントを得るという点も、1日目のブロック長の研修と同じです。

この間、ブロック長は新任支店長が事前課題として提出した受け持ちエリアの定量データや、定性データを確認しておきます。ペアとなる新任支店長が持参した「自店データ」に目を通した後、ほかのブロック長と意見交換をして、新任支店長に対して、どのようなアドバイスをすればいいのかを検討し、助言すべき点や、その方法、伝え方について議論します。

ここでポイントとなるのは、自分の管轄地であり、ペアとなる新任支店長ではなく、他のエリアのブロック長が、自分と関係ないエリアの新任支店長の数字を見ることです。

自分のエリアであれば、支店長と同じ思考で数字をとらえてしまう恐れがありますが、別のエリアのブロック長がチェックすることで、あえてその支店の経路依存性を捨象し、それまでその地域で常識と思われていた事項も排除して、先入観のない状態で眺めることができます。数字の上だけで異常値を指摘し、経験に照らして、アドバイス案を出すことができるのです。

たとえば、ブロック長なら、曜日や時間ごとに異なる業務量に応じた人員配置になっているか、過剰な人員配置になっているのではないか、などという無駄を指摘するといったことが挙げられます。

このように、事前課題がそのまま職場の問題解決になっているのはヤマト運輸の研修の大きな特徴です。そこでの学びが、そのまま現場の問題や課題の洗い出しとなり、支店長がそれを研修中に確認し、解決策を模索したり、ブロック長からアドバイスしてもらうことで、研修内容が地続きに実務に活きるのです。

ブロック長が事前課題のシートを見て、数字上の異常値から、現場の問題を推測するなどの支援をすることもできます。たとえば「人員配置にムラがある」、「住宅地域と商流地域では忙しい曜日や時間帯が異なるが、それに適した人員配置になっていない」、「休憩や休みを取りやすい人員配置にすべき」、というような指摘があり得ます。

　研修で学んだことや人から聞いた話が現場で応用、実践できるものが多ければ多いほど、研修が研修で終わらない実践的な効果が得られます。あるいは後述するように、実際には業務の問題解決までいかなくとも、支店長の不安の解消の場として機能するだけでも十分に意義があります。

■「近転移」を促す新任支店長の研修前の事前課題

　事前課題について、補足しておきます。新任支店長は研修前に自店について定量、定性データを記したシートを記入して提出します。

　新任支店長にとっては、この「事前課題」が研修内容をよりよく身につけるために、もっとも重要な作業になります。受け持ちエリアの支店について、カバーする地域の世帯数、法人数、面積、取扱店数、現在の取扱高、セールスドライバーのフルタイマー稼働数、パートの人数、取引のある荷主の数、車両数、曜日ごとの車両の稼働数、ライバル会社の稼働数と取扱数、労働時間など定量データと、現状の問題点を列挙して書き留めます。

　ふだんは目の前の業務に追われて、その日その日、自店をまわすことだけで精一杯の新任支店長に、業務から一歩引いて、店舗全体の位置づけ、適切な人員配置、地域的な特徴、曜日ごとの業務の多寡、さらには、属人的な問題、店としての長期的な課題や目標などを考えてもらうことで、自分の支店の全体像とその課題を把握した上で研修に臨むことになります。業務について距離を置いてとらえ直し、支店長としての自分の業務との関わり方を考える貴重な機会でもあります。

さらに、前述の通り、このシートが実際の現場の問題解決のための手がかりにもなっているため、支店長が自店について書き込んだ問題や課題、つまずきなどを研修でのアドバイスや議論を通じて解決していくことで、実際の現場の業務の改善に直結しています。職場に戻ったときにこの研修の内容の多くの部分がそのまま実務に適用できるという点で、「近転移」を促すプロセスともいえます。

セッション２：ペア研修をスムーズにするためお互いを知る

　ペア研修の最初は、ペアになるもの同士、お互いをよく知るための時間です。SPトランプ[111]というツールを使って、ブロック長と新任支店長が互いの性格を把握することからスタートします。

　お互いの内面を知ることで、「この人にはこういう面もあったのだ」というように認識を改めて、苦手意識を払拭したり、今後より接しやすくなるきっかけをつかみます。あえてトランプという型にはめてゲーム感覚で行うことで、お互いの本音が見えやすくなる効果があります。

セッション３：新任支店長にビジョンを描かせ実現の施策を助言

　新任支店長にビジョンを描かせて、その実現をブロック長が支援するという実践的な内容に移ります。

　事前課題のシート、つまり自店の現状分析について、解決策のアドバイスを３ペアコーチングを通じて行います。

　３ペアコーチングは、先輩であるブロック長と後輩の新任支店長が３組一緒になって行うものです。「教える」「教えられる」の関係性が、自

111　サブ・パーソナリティ・トランプとは、株式会社SORAの角本ナナ子氏と、YAO教育コンサルタントの八尾芳樹氏によって開発され、企業を中心に30万人以上に使用されている教材である。イタリアの心理学者ロベルト・アサジオリ博士が提唱する、人間に備わるさまざまな性質を総合的にバランスよく発達させることを目的とするサイコシンセシスという心理学理論を基にしている。人間の持つさまざまな面を取り上げて、キャラクター化し、ニックネームをつけて、52枚のトランプに描き、自身や他者の人格を形成しているキャラクター（サブ・パーソナリティ）を選び出すことにより、各自の性格特徴、強み、弱み、成長課題等を顕在化させる。また、外から見えるその人の態度を自己主張の強弱と、感情表出の強弱の縦横2軸で4分類する、イリノイ大学のソーシャルスタイル理論のタイプ分けにも対応するため、自己のさまざまな特徴、他者の特徴、他者との関係性、他者への効果的な対応方法等を考えるよすがにもなる。

分と後輩、あるいは自分と先輩という関係だけで完結せず、ほかのペアと一緒の場にさらされることで、自分の教え方、あるいは教わり方を客観的にとらえることができます。たとえば、他人の教え方を見れば、自分の後輩には高圧的だったり、抑圧的に接してしまいがちなことに、先輩が気づくきっかけになります。

その後、新任支店長個人で、ビジョンの実現に向けて、レゴを作成し、それをまた3ペアコーチングのなかで検討していきます。レゴで表現された新任支店長の思いを理解した上で、具体的な実現策のアドバイスをその支店長のレベルに合わせてティーチング、あるいはコーチングしていきます。ここでも他のペアの教え方、教わり方を見ることで、より深い学習効果が得られます。

以上がペア研修の内容です。

■教え、教えられる関係性を仕組みとして確立

ヤマト運輸では、もともとセールスドライバーのリーダーであるセンター長がセールスドライバーの面倒を見る、そして、支店長が部下の面倒を親身に見る、その支店長が長じてブロック長になり、支店長の面倒を見るという、密接な「教える」「教えられる」関係の連鎖が従来より機能しています。研修内容は座学や一人で課題に取り組むだけではなく、ペアコーチングが重要であり、ヤマト運輸に根づいている「先輩がしっかりと面倒を見てくれる」という体質は、研修転移を促進させるための、よい土壌でもあります。

しかし、先輩が後輩に教えるという文化が当然であるがゆえに、新任支店長に、全社的に、体系的な研修という仕組みで管理職としてのあり方を教える研修がなかったため、近年、人事部門が総力を挙げて、研修の確立に邁進してきました。

おりしも、より地域に密着した経営を行うために支店長を増やしてい

こうという局面でもあり、OJTだけで業務や組織目標に沿ったビジョンを持って行動することを求めるのには無理があることからも、こうした形での研修の確立は急務だったのです。

ヤマト運輸のように、業務上すでに「教える」「教えられる」関係性が形成されていることは、研修転移に絶大な効果があります。最低でも事前、あるいは研修内に教える、教えられる関係性を各自が認識する場を設けておくことが重要でしょう。

また、このペア研修の副次的な効果として、管理職の孤独や不安の解消という面もあります。

新任支店長、ブロック長とも、ふだんは独立した「城」の城主として、普段は部下の管理、自店の業務の対応で忙しく、職場を離れて膝づめで議論する機会は多くありません。研修の場で互いの問題や課題を話し合うことで、「このことで悩んでいるのは自分だけではないのだ」という連帯意識を持ち、孤独感、疎外感を解消することができます。そのことは、ただちに具体的な業務の問題解決にまでつながらなかったとしても精神的に大きな余裕となり、業務へのモチベーションにも大いに影響します。

もちろん、「ああ、こういう工夫は自分の店でも適用できるな」、というように、同じ立場の人が実行しているからこそのヒントも意見交換のなかで数多く見いだすことができます。

「管理職になってしまうと、なかなか上の役職の人に応援を求める機会もないので、新任支店長にとってはブロック長と意見交換できるよい機会でもあります」（人事戦略部・南波英理さん。2016年当時）

ヤマト運輸におけるブロック長と新任支店長のペア研修は、人員比率的には、ブロック長一人に対して新任支店長が多い、というのが課題です。

この課題に対しては、新任支店長よりは少し年長で、支店長経験も長いミドルクラスの支店長を間に置いて、ブロック長とミドルクラス支店

長のペア研修、そしてミドルクラス支店長と新任支店長のペア研修に移行させるなどの方法があり得ます。

　より年齢が近くて、業務の質も同じで相談しやすいミドルクラス支店長と新任支店長のペアであれば、新任支店長の精神的なケアという意味においてもうまく機能する可能性があります。

　このことからヤマト運輸では、ここまで紹介してきた形のペア研修を2018年度は実施しておらず、新任支店長、ミドルクラス支店長、ブロック長を含む、すべての支店長を対象とした共通の支店長研修を実施しており、今後の研修方法について検討中です。

研修後の工夫

- ●研修後、すぐに新任支店長、ブロック長両方に対して研修担当者による対面インタビューを行う
- ●研修3、4カ月後、研修内容で学んだことがブロック長、新任支店長、それぞれのレベルでどの程度実践に結び付いているかを見る「現場実践度合い」のアンケートを実施

■研修後のフォロー

　ヤマト運輸の研修転移を促すもう一つの大きな特徴として、研修後のフォローアップのきめ細かさが挙げられます。

　まず、研修後、すぐに新任支店長、ブロック長両方に対して研修担当者による対面インタビューが行われます。内容は、感想（レベル1：反応）、学んだこと（レベル2：学習）、実践したいこと（レベル3：行動）、それがどんな成果につながるか（レベル4：成果）であり、研修転移の4段階すべてについて調査するものです。

　さらに、研修の3、4カ月後、研修内容で学んだことがブロック長、新任支店長、それぞれのレベルでどの程度実践に結び付いているかを見

る「現場実践度合い」のアンケートを実施します。これは、現場での実践度合いを5段階で評価して記入するものです。

　ブロック長は、「支店長に対する支援行動（後輩支援・後輩配慮）」ができているか、つまり新任支店長への支援がどの程度行き届いているかを答え、支店長は、「ビジョン立案行動（ビジョン・情報収集）」がどの程度行われているか、研修で立てたビジョンの実現に向けての施策を現場でどの程度実現できているかを評価する、といった具合です。ここではレベル3の行動とレベル4の成果に関するものがアンケートの主題となります。

　具体的には、ブロック長は、ちょうど支店長の「逆査定」と同じ項目、支店長とコミュニケーションの機会、耳を傾ける姿勢、萎縮しないような配慮の3点について自己査定し、後輩の支店長に対しては、後輩の支店長が地域・顧客状況の把握、ビジョンがあるか、ビジョンを店全体で共有できているかをチェックします。

　新任支店長は、自分自身に対する振り返りとして、受け持ち店舗の地域や顧客状況、競合他社状況を把握できているか、自分の店をこうしたいというビジョンがあるか、それを部下と共有できているか。また先輩であるブロック長への評価として、自分とコミュニケーションを取る機会を設けているか、耳を傾ける姿勢があるか、萎縮しないように配慮しているかという項目について評価します。

　そして、この研修実践度合いの評価項目と「多面観察」という社内調査のなかの能力開発項目が、研修の上記の現場実践度合いの評価項目と連続性を持っており、それらが連動していることも、研修転移に大きく寄与しています。

　多面観察の調査項目は、大きくは計画と実行に分けられます。計画は、ビジョン、情報収集という「ビジョン」に関わる2項目、「道筋を示す」、目標実現という1項目から成り、実行は指示伝達、顧客志向、部下配慮、模範行動の「巻き込む、やりきる」ことに関する4項目、全部で7項目

あります。ビジョンならば、たとえば「自分の組織（チーム）をこうしたい」という明確なビジョンを持っている」などがチェック項目としてあり、5段階で評価します。

「研修の実践度合いの確認項目と能力開発項目の連動により、研修内容が根づくことが業務の改善、組織目標の達成にもつながるという統一性を持ち、研修内容が無駄になりません」（人事戦略部・大和亮介課長。2016年当時）。

研修後3、4カ月後にこうした実践についてのアンケートシートを記入した後に、研修担当者による再度のインタビューも行われます。現場での苦労や自分なりの工夫に関するもので、ブロック長は支店長との関わりにおいて、新任支店長はエリア状況の把握や、ビジョンの部下への伝達に関して答えます。

具体的には、「ペア研修」後、「現場で実践しようと思ったこと」の実践度合い（レベル3：行動）や、研修内容を実践することで、どんな成果につながっていそうか（レベル4：成果）、あるいは、他のブロック長や新任支店長にアドバイスするとしたら？というような内容です。

このインタビューの様子は動画で撮影され、研修を受けていない人も視聴できるようになっています。

現場の声を研修担当者がA4用紙1、2枚にまとめたものも、動画とともに次の研修に活かされます。フォローは続きます。

今後の課題

● 研修フォローをどこまで実施するか＝「どこまでを研修と見なすか」

研修後のフォローをどこまでするか、というのも重要な課題です。現場としては、フォローは実務に大いに貢献するので、できれば継続して行われるとありがたいという認識がありますが、人事担当者は新任支店長とブロック長の研修だけを手がけているわけではなく、区切りが難し

いという一面があります。もちろんフォローを長くすればするほど、また頻度を上げるほどコストもかかります。どこまでフォローするかという課題は、言い換えれば「どこまでを研修と見なすか」という問題でもあります。

　この研修の第一目的は新任支店長への業務の伝達、その上司のブロック長の支援の仕方を伝達することにありますが、実際にはそれぞれの役割を再確認し、教え、教えられる関係を意識的に結び直す、信頼関係を強固にする、現場の問題を共有する、横のつながりを確認するなど、組織開発の場として機能していることも忘れてはなりません。

　そして、その機能をより強化するため、研修後にもアンケート、インタビューで、学びの定着を促しています。

　研修後のアンケート項目と、実際の人事制度の能力開発項目が一気通貫であり、研修内容そのものが現場の問題解決につながっているという「近転移」を促す研修であるともいえるでしょう。

事例解説

　ヤマト運輸の事例は、ペアで受けることと、アフターフォローの２点が特徴的です。

　まずは、ブロック長と支店長というペアを一つの研修の単位にしたことに意義があります。

　従来は、職場のリーダー一人に対し、熱量を投じてコンテンツを与え、職場全体にリーダーの学んだことが波及するのを期待する、というのが一般的なリーダー研修のモデルでした。

　参加者一人に対して熱の高い、よいコンテンツさえ伝えれば、リーダーは周囲の関係者に適切に働きかけ、職場全体へのコンテンツの伝達や、職場の活性化を成し遂げてくれるだろうという前提で研修が行われていたのです。

　しかし、研修内容がそんなに簡単に一人の人間から職場に行き渡るわけがありません。職場の人は自分たちが何を期待され、促されているのか、そもそものコンテンツの内容を知りませんし、数字を上げるにしても、人を育てるにしても、一人でできるものではないからです。

　何かを伝達して、その組織を活性化させるには、関係者、関与者などの「ステークホルダー」の協力が必要です。

　この点、ヤマト運輸では、支店長を単独で呼び出すのではなく、それに影響を与えうるブロック長をペアにして、協力関係を築かせたうえで、２人に対して熱を投じることで、一人に与えるよりも、より大きなインパクトを与えようとしているのです。

　ここでは、ブロック長と支店長の間の関係性ですが、人同士の相互作用や、関与し合う関係性を「アクターネットワーク」といい、このアクターネットワークをいかに作るかも研修転移

に関わる重要なポイントです。

　より大きなインパクトを目指すなら、単独の人に研修を施すより、アクターネットワークを形成できるように研修単位を変えることも検討に値すると思われます。

　もう一つの特徴は研修後に実践度合いのアンケートを採っていることです。研修後に実践度合いを測るということは、研修後のフォローにまで、研修の射程が伸びているということです。

　つまり研修の終わりは研修日の解散後ではなく、その後のフォローを含めて研修だということなのです。

　研修後の実践度合いを評価するということは、研修で望ましい方向性を伝えた後も、引き続き、それをわかっていますか、こういうふうにし続けていますか、とリマインドするということです。

　また、ヤマト運輸では研修後のヒアリングを映像化し、映像教材を作成しています。研修を受けなかった人にも研修内容を伝えることになり、参加していない人の巻き込みにも寄与しています。むろん、研修を受けた人には、フォローアップにもなります。

　研修の効果を高めたいのであれば、上記のように、参加単位を再検討し、一人に伝えれば、伝わるはずという思い込みを捨てることが一つ。もう一つは、コンテンツを提供しさえすれば後は勝手にやってくれるという期待をせず、フォローも含めて研修の長さを変えることも必要です。

　ヤマト運輸の研修は、研修単位と研修の射程に特徴のある事例だといえます。

アズビル

テクノロジーを利用した研修リマインドが
効果を上げる

研修転移の現状

- ●「研修前」には上司が受講者に研修に対する動機づけを行う。具体的には、受講内容を今後の業務に活かすように期待感を伝える
- ●「研修後」にはフィードバックを重視し、ウェブでのアンケートシステムを活用し、事後アンケートを実施

　アズビルは産業オートメーション分野の雄で、2016年に創業110年を迎えた老舗企業。2012年に「山武」から「アズビル」に社名変更し、グループ企業のブランドを統合しました。2008年に当時の小野木聖二社長が、「アズビルグループ成長の源泉は人材であり、人材の成長なくしてアズビルグループの成長はない」と号令をかけ、求める人材像を明確化しました。

　伝統的な技術を守ると同時に、絶えざる技術革新を図る必要があるメーカーにとって、培った技術をいかに新しい世代に「伝承」するかが人材育成の重要な課題となります。アズビルでは、それを「研修」という手段を使うことで実現しようとしています。

●2012年、企業内大学「アズビル・アカデミー」を開設した。市況に応じて柔軟に事業ポートフォリオを変化させることができる人材の育成を推進する

■「ベテランから若手への技術継承」が大きなテーマ

2012年に就任した曽禰寛純社長が掲げた同社の3つの経営方針の一つに「学習する企業体」というものがあります。これは、体質強化を継続的に実施し、市場環境に応じて柔軟に事業ポートフォリオを変化させることができる人材の育成を推進する姿勢を意味します。その年、企業内大学「アズビル・アカデミー」が誕生しました。

なぜ、企業内大学を作ったのか。これを説明するには、アズビルという企業の状況を把握しておく必要があるでしょう。

まず、市場環境の変化に柔軟な人材の育成が必要な企業であったことが理由の一つです。メーカーとして、事業環境や市場の変化に伴い、体質を強化しながら事業の選択と集中を進めるとき、人的リソースも再編成する必要が出てくることがあります。

たとえば、国内中心であった生産拠点の海外展開において、単純に国内生産ラインの人員削減を行うということではなく、あらためて教育し、別の部門に異動させることも会社としてきっちりやっていくというメッ

横須賀市にあるアズビル・アカデミー研修センター

セージを出す必要がありました。

　それと同時に、技術が非常に重要な意味を持つ企業であるという要因もあります。同社はオートメーションを軸にした企業であり、特に建物、工場、プラントなどの計測、制御、管理システムのシェアでは国内トップクラスを誇ります。

　こうした製品はライフサイクルが長いものです。そのため、開発、生産、エンジニアリング、メンテナンスなどのノウハウは、熟練の技術者に支えられているといっても過言ではありません。そこで市況や市場の変化に対応するためには、今までの蓄積を活かし、学習するということが大切になります。また、人材育成という意味では「若手を育てる」ことの多くの部分が、「ベテランから若手への技術継承」と「新技術の導入」の両面を大切にしています。

■受講者数はグループ、協力会社などを含め　年間のべ６万５千人に

　では、アズビル・アカデミーの中身を具体的に見てみましょう。

　同アカデミーは社長直下の組織で、①階層別・職能別研修などの教育機能、②社員キャリアプランや職種ローテーション、社内公募制度などのキャリアサポート機能、③研修センター機能の３つの機能を併せ持つ組織です。

　ただの教育機関ではなく、社員一人一人のキャリア構築を考慮しながら、ときどきの必要に応じた育成を支援する組織であるといえるでしょう。入社したばかりの新卒社員から管理職、さらには経営層まで、グループ全社員を対象としていることがその表れです。

　アカデミーでは社内外の専門家を講師として、全社の教育・研修機能を担います。具体的には、一つは職能別研修や階層別研修、資格取得などの教育機能、もう一つは社員それぞれのキャリアプランの形成に関わ

るサポート機能という役割を持っています。そのため、幹部社員だけではなく、新卒社員から管理・専門職層まで広く参加しており、グループ全体、協力会社などを含め、受講者数は年に2回程度の階層別、職能教育を受講し、年に1度受講を求められるCSRやセキュリティ教育のほかに通信教育やeラーニングを受講するなど、教育を受ける頻度が高いことが特徴です。

　研修の内容は大きく2つに分かれています。一つはヒューマンスキルやマネジメントスキルといった実務的な教育、もう一つは製品知識や技術のスキルトレーニングなどの技術訓練です。階層が上がるにつれ、より内容は高度なものになっていきます。

　同アカデミーにおける研修では、300人の講師のうち、8割が社内講師だといいます。それには理由があります。

　マネジメントやビジネスマナーなど人材育成面での教育にまつわる研修がある一方で、製品知識やスキルトレーニングなど技術教育に関する研修もあります。同社は技術に特化した事業が多く、技術を持つ社員の高齢化も進んでおり、そのノウハウを研修の場を通して継承することも同アカデミーの狙いの一つです。

　つまり、かつては現場ごとに行われていた技術やスキルの伝承を、同

研修の8割は社内講師が教えている

アカデミーが関わることで「上司を巻き込み、上司が自分の部下を育てていく」ことを集約し、一括で行う仕組みを作りました。

公的資格の取得については当然研修などでサポートしていますが、トップクラスの技術を持つ社員に対しては、検定制度により「技術プロフェッショナル」の社内資格を与えています。技術を支えるエンジニアについては部門ごとの技術資格がすでにありますが、「技術プロフェッショナル」はさらに上位の、一握りの技術者しか得られない資格という位置づけです。

同社の製品は先に述べたように、耐用年数の長いものが多く、ものによっては10年、20年と使われるものがあります。そのような製品も含め、高い技術力を持つ技術プロフェッショナル社員が、技術の伝承と若手の育成を担うことを目的としています。

同時に、領域ごとに１％程度の人数であるため、有資格者は名刺に「技術プロフェッショナル」の文言を入れたり、「技術プロフェッショナルバッジ」を着用するなど、トップレベルの技術者という自覚を持つよう求められます。この制度は５年に１度の更新が必要であり、技術力の引き上げを行っています。

最近では、また新しい取り組みも始めています。アズビル・アカデミーの八木博副学長は「定年を見越したセカンドキャリアについての研修や、グローバルリーダーを育てるために、アズビルの海外現地法人社員と日本人社員が一緒に受講する研修をスタートさせています」と説明します。

グローバル展開を推進する人材育成のセミナーは2014年から開催されており、３日間にわたる研修を全６回、海外の現地法人の社員とも一緒に実施。セミナーはすべて英語で行われます。

「わたしが入社した25年前は外国籍の社員も多かったのですが、そのメンバーが海外の事業所に散らばって、現地法人の社長をやるという事例も出てきた。そうしたグローバル展開をもっと広げていきたいと考えています」（八木副学長）。

●上司が研修受講に際し、受講後の成果発揮について期待感を伝える

■アカデミー事務局と上司が 研修受講者に期待感を伝える

「研修を受けるに当たり、必ず上司に『研修を受けるための動機づけを部下に行ってください』と伝えています」とアズビル・アカデミー人材育成グループの脇谷智亜紀グループマネジャーは説明します。

たとえば、部下の学習プログラムにリーダーシップに関する内容があった場合、「次の等級になったときに、職場のメンバーの誰々を巻き込んで、成果を出してもらいたい」というように、自分の部署でどんな成果を発揮してもらいたいかという期待感を伝えるようにしてもらっています。

もう少し具体的に解説しましょう。たとえば階層別研修で、主任クラスであるⅢ等級のメンバーに対しては、「今回はⅢ等級で『ロジカルシンキング』を学ぶが、一つ上の、係長に当たるⅣ等級においてチームワークを用いて『対人対応力スキル研修』というものを行う。今まではスペシャリストとしてやってきたが、今後期待されるのは、上司、部下、同僚、それからお客様、みんなとうまくコミュニケーションを取り、チームワークを取っていくことが求められている」ということを、ていねいに伝えています。

受講者はアカデミー事務局と上司からそうした狙いと期待を聞いた上で、研修を受講します。この、事前の「打ち込み」を経て研修に臨むという流れを大切にしているのです。

- ●受講者はアクションプランを作成し、上司と共有する
- ●ウェブでのアンケートシステムでアンケートを実施する

■フィードバックと研修の継続実施で 研修転移を促進する

研修を受けた社員は、受講後に必ずアクションプランを作成します。絵を描いて終わりとならないよう、作成したアクションプランを上司と共有し、実行に当たって阻害要因があれば成果を発揮できるよう上司の協力を得て、プランの達成を目指します。その実施状況について、3カ月後、

ウェブによるアンケートで
自分が受けた研修を評価する

アンケート

6カ月後などにフィードバックを受けます。プランの達成状況について上司の目線から見た「現状」を伝えられ、行動を立て直すことを求められます。

　また、社内イントラを使ったウェブでのシステムでアンケートを取っています。アンケートでは研修の評価項目のみならず、現状の仕事についての取り組みや、上司とのコミュニケーションの状況なども聞いています。そして、そのアンケート結果を基に、気になる社員がいる場合、職場へのヒアリングや、本人の面談を行うなど、社員のフォローにも活用しています。

　HC職（上級基幹職。管理職・専門職のこと）を対象にしたHC研修では、

講師が研修中に受講者をビデオ撮影し、研修後にそれぞれにレポートを出し、それらの内容を基に受講者へ管理・専門職者としてのポテンシャル・フィードバックを行い、その後のキャリア能力開発に活かしています。

「『1回受けたら10年研修を受けない』というものではなく、この研修を受けたら3年後、5年後にまた同様の研修があります。会社の理念や、取り組みについての理解を深め、今後の自分のキャリア構築を考えたアクションプランを出す。そのサイクルを回していくことになります」（脇谷グループマネジャー）。

研修は単にスキルの習得だけではなく、会社と自分のマインドや方向性のすり合わせという意味があります。研修後のアクションプランとフィードバックを継続的につないでいくことにより、アズビルの理念や取り組みをより浸透させ、目指す人材像に近づけていきます。

このように、アズビル・アカデミーでは「研修前」のメッセージによる意識づけと、「研修後」のアクションプラン遂行、アンケートやフィードバックの仕組みにより、研修効果を高めています。一度の研修で劇的な転移を目指すというより、テクノロジーを活用したフィードバックの仕組みと、研修を継続的に実施することによって転移を促進しているのです。

今後の課題

- 現場でのOJTを、アカデミーと連携させることであり、2016年度は若手の育て方に関するeラーニングを実施している

■上司をどう動かすかが研修転移の決め手になる

同アカデミーが次の課題として意識しているのは、日々のOJTです。

今まで各カンパニーで独自に行ってきたOJTを、アカデミーと連携させていくことがこれからの取り組みの一つだといいます。

　まず、2016年度に新たに取り組んだのが、新人の育て方に関するeラーニングです。

　「『今どきの新人はなかなか仕事を覚えない』といった声が多いなか、『新人を育てる役割があるのはあなた方で、新人に仕事を教え、悩みごとの相談に乗ることが、自分自身の成長になる』ということをアカデミーのメッセージとして明確に打ち出し、この研修を導入しました」と脇谷グループマネジャーは説明します。

　この新人の育て方に関するeラーニングの受講者数は、2016年度の上半期だけで300人にのぼりました。受講者からは、「先輩の背中を見て仕事を行い、どんなにつらくても乗り越えてきた。今の新人はなぜ同じようについてこられないのか、その理由を今の若手の状況を体系的に学ぶことで、気づかされた」というような感想が聞かれました。今では現場から「この社員にeラーニングを受けさせたいんだけど」と依頼が来るようになりました。

　教える側の先輩社員に、eラーニングで「教え方」を学んでもらう分、教わる側の新人には「学び方」を集合研修で伝えています。現場実習中や配属後に、いかに職場で学び、仕事を覚えていけばよいのかについて、外部講師の指導のもと、新人には2回の研修を実施しています。研修では、教える側の先輩社員にも、不安や苦労がある面を伝えることで、「先輩たちも大変なんだ」という事をあらためて新人にも理解させ、「教えてもらう」という受動的な気持ちから「自ら学ぶ」という能動的な姿勢への意識転換を図っているのです。

　その一方で、なかなか変われない人もなかにはいます。特にMS職では、従来の考え方を持ってなかなか行動変容が伴わない人も少なくありません。

　先述したHC研修では自分のマネジメント組織を考えたり、部下にど

んなマネジメントをするか、今後のアズビルの戦略をどう実務に落とし込むかを考えてもらいます。

アズビルは上司から部下へ、技術の伝承を、継続的に行っていくことが前提となっている企業です。だからこそ、部下だけでなく、上司をどう動かすかがその流れを作る決め手になります。アズビル・アカデミーの研修を通した働きかけによって上司の考えを変化させ、また本人にも業務を離れて視点を変えてみる機会を与えることで、研修転移を促すような仕組みづくりを行っています。それに加えて日々のOJTとの連携を進めることで、アズビルの研修転移はさらにパワーアップしていくことが期待されます。

事例解説

　アズビルは、2012年企業内大学を設置し、全般的な人事開発を進めています。同社の事例での特徴は2つあります。

　1つ目は、「アクションプラン」を確実に実行に持ち込むために、研修を受けた社員にプランを作成させ、それを上司と共有し、フィードバックを受ける仕組みを実現していることです。研修転移を促す仕組みとして、上司が行うフィードバックの有効性はすでに知られているところです。

　また加えて有効なのは、リマインドも行っていることでしょう。リマインドは、ウェブでのアンケートシステムを使っているとのことでした。

　誰もが日常業務で忙しく、研修の際に作ったアクションプランは提出した後、教室や研修ルームを出た途端、忘れてしまうのは無理もないことかもしれません。世の中には作られただけでその後決して日の目を見ることも、実行されることもないアクションプランが膨大に眠っていることでしょう。

　それを避けるために、簡便な仕組みではありますが、テクノロジーを利用したリマインドを実行し、実現しているのです。

　もう一つは「合わせ鏡」のコンテンツとでもいうべきものです。

　ある一つの事柄やプランを達成したいとき、そのことに関わるすべての人に、そのコンテンツを提供するのが成功に導く秘訣です。

　教える側、教えられる側の両者にコンテンツを提供しているのが、ここでは特徴的です。

　普通は、指導員だけに教える内容や教え方が伝達されるのですが、アズビルでは教える側にはeラーニングで教える内容に

関するガイダンスがなされ、教えられる側には、教えられること についてのガイダンスが行われます。

　このように、背中合わせ、合わせ鏡のように、教えること、 教えられることの共通言語を作った上で研修が行われています。 教える、教わることについて意識合わせができているのは、学 ぶための環境作りとしてとても有効です。

研修企画者の立場から見た研修転移の工夫

島村公俊

　ここまで３社の研修転移の事例を見てきました。ともすれば研修を実施して終わり、となりがちなところ、それぞれ「研修前」「研修中」「研修後」の全過程で独自の工夫を重ね、転移促進に効果を上げています。

　本コラムでは、研修転移を促す研修を企画する上で、わたし自身が人材開発担当、現場部門の教育担当、そして、現在、研修会社の代表として大切にしてきた４つの視点について述べてまいります。現在、わたしは企業研修を提供する会社を経営し、自らも講師として登壇していますが、少し前まで、大手通信企業の人事部に所属し、人材育成、人材開発の仕事をしていました。

　研修転移を促す研修作りのポイントとして、わたしが大切だと考えているポイントは、下記の４つです。

　１）現場に足を運んで得た情報を基に企画する
　２）現場部門に、参加者の行動変容への責任を持たせる
　３）研修を、職場ぐるみのOJTの場に変える
　４）１年で完了する企画でなく、３年先を見据えた企画にする

以下、それぞれについて解説していきます。

1. 現場に足を運んで得た情報を基に企画する

　わたしたちが企画する研修は、そもそも職場のどんな課題を解決しようとしているのでしょうか？そして、企画した研修を実施した後、その課題は本当に解決しているのでしょうか？

　これは、現在、わたし自身が研修を企画する際に、自分自身に投げかけている大事な問いかけです。

　今から10年前に教育担当としてのキャリアをスタートしたばかりのわたしは、いわゆる「研修のための研修」をしていました。外部の勉強会に出て得た知識を、社内に持ち込みたくてしょうがありませんでした。2006年に販売部門の教育担当になり、コーチングを本格的に勉強し始めていたころでした。

　最先端のコーチングの知識を知っているというちょっとした優越感、それを社内で展開することができるというワクワクするイメージ。だいぶ独りよがりな教育担当者であったのではないかと思います。

　自分自身が企画する研修が、販売部門の戦略上、どんな点で役立つものなのか？はたまた、どんな組織課題を解決するものなのか？恥ずかしながら当時のわたしはあまり考えてはいませんでした。

　そんな姿勢で企画した研修は、残念ながら現場からは評価されませんでした。研修を提

現場に足を運んで得た情報を基に企画する

供する先の部門が、営業部門などのようにお客様に近い部門であればあるほど、研修に対して、「内容が抽象的」「現場感が不足」「すぐに役立つ、実践的な研修をやってほしい」という反応が多かったのです。

　では、どうすれば現場から評価されるのか。ヒントは、ほかならぬ現場にありました。そもそも現場志向がとても強い会社であり、当時の上司からも「現場に行って話を聞いてくるように」と、何度も指摘されました。

　そこで、「自分がやりたいこと」をいったん脇に置いて、現場に足を運んで話しを聞いてみると、そこには実に多様な経営課題があることがわかりました。そして、そのなかに、研修という手段が、課題解決や改善にもっとも適している、というケースがあることもわかりました。

　その気づきを得てからは、現場に足を運ぶことなしに研修を企画することはなくなったのです。

　それからしばらくして、当時の販売現場では、M&Aなどによって組織の環境が激変するなかで、退職率を低減することが組織上のミッションになっていました。そこで、その組織課題に対して、販売店の店長向けに現場に即した実践的なコーチング研修を企画立案しました。販売に携わるスタッフが前向きに、そして長い期間働いてくれることはまさに現場が望んでいることであり、研修の企画自体も好意的に受け入れられました。

　具体的な研修内容については、販売店舗の現場で店長が戸惑うことなどを中心に、現場の店長に対してヒアリングを重ね、ケーススタディにしました。また、販売現場の店長にアドバイスする立場である本社営業担当にもヒアリングして、ケーススタディに、より現場感が出るようにしました。

研修企画のポイントは、退職率の増加につながる店長の具体的なマネジメント行動を明らかにし、その解決方法を考えることです。これができないと研修転移を促進する企画にはなりません。職場の課題解決に資する研修を立案するには、その課題を解決するための対象者の具体的な行動を特定することが求められているのです。

　研修の実施後は、数カ月後に、上記で定めた事柄について行動変容が表れ、退職率の低減につながっていることが確認できました。そしてそのノウハウに関する店長へのインタビューを通じてまとめた成功事例を社内イントラネットで発信し、全販売スタッフに情報共有をしていきました。

　わたしは、この取り組みが、退職率の低減という数値目標につながっていることを確認しつつも、それ以上に現場に出向くなかで、"現場に本当に役立っている"、"現場のスタッフに効き目が出ている"という肌感覚を得ました。

　このように、研修転移を促進する研修の企画で大切なことは、組織や現場の具体的な課題に対して研修が打ち手になっていることです。それには参加者の課題となっている具体的な行動を特定でき、研修を実施した結果、目標数値の変化を把握できるとともに、参加者が学習したことを職場で実践している肌感覚を、主管部門が現場に出向いて得られることが大切です。

　人材開発部門が現場に寄り添うことの大切さは、耳にタコができるぐらいよく聞く話です。しかしながら、それができている会社というのは、意外と少ないというのも事実です。

　人材開発部門は、中長期を見据えて人を育てたいと思いますし、現場は短期業績達成のコミットを求められるなかで、すぐに役立つもの、実践的なものをほしがります。

そのような状況下において、人材開発部門は、中長期を見据えながらも現場の意向を正確に読み取り、どの課題に対して研修を企画することが組織力の向上につながるのか、現場とともにそれらを考え、ともに研修転移を促進する研修の企画を作り出すことがとても大切になってきます。

2. 現場部門に、参加者の行動変容への責任を持たせる

　多くの人材開発部門では、研修の企画をする際、社内のサーベイ結果や参加者へのヒアリングなどから課題を抽出し、企画を立てます。しかし、でき上がった研修企画は、現場の課題に沿ったものであるにもかかわらず、参加者が研修の場で学習した知識やスキルを職場で実践に移しているかというとかなり疑問です。

　人材開発部門が参加者の行動変容を促すために研修実施後のフォロー施策を打っても、現場からするとそれ自体が負担になると感じることが多く、「研修後のことは現場に任せてほしい」と人事による研修のフォロー施策を望まないこともあります。現場からは、「人事の研修は、どこまで現場に介入してくるんだ？どこまでが研修部門の役割なのかしっかりと説明してほしい」といってくることもあるのです。人材開発部門がよかれと思ってやった研修転移促進施策が、必ずしも現場に受け入れられないこともあるという現実に、わたしたちは向き合わなくてはなりません。

現場部門を、参加者の
行動変容にコミットさせる

　たとえば、人材開発

部門が、営業部門の研修担当者から営業社員のプレゼンテーション能力に課題があるのでプレゼンテーション研修をやってほしいと打診があり、営業社員向けに研修を企画立案するシーンを考えてみましょう。

たいていの人材開発部門の研修担当者は、営業部門の教育担当者から営業パーソンのプレゼンテーション能力に関する課題をヒアリングしつつ、現場の営業パーソンにも直接ヒアリングをして企画案に反映させます。

その企画案は、たしかに表面的には、現場の課題に沿ったプレゼンテーション研修の企画になっているかもしれませんが、現場での行動変容を促す企画になっているのかについては、一度、立ち止まって考える必要があります。

たとえば、このケースにおいて、営業本部に5つの部があるとしましょう。営業1部〜3部の部長陣は、営業社員のプレゼンテーションに課題があると感じており、研修をやるべきだと思っています。しかし、残りの営業4部と5部の部長は、「なんでこんな忙しい時期に、人事の研修に部下を出さないといけないのか」とか、「研修なんて受講したって結局変わらないよね？」とばっさり切り捨てる反応です。

このような場合において、部長陣を束ねる本部長がやるというので、主管部門がしぶしぶ従ってしまうようなケースは、研修転移という観点からは危険です。責任者レベルが一枚岩になっておらず、かつ、本音で賛同していない部長陣がいるなかでは、部下の現場実践に対する上司のフォローなどあまり期待できないといっていいでしょう。

つまり、いくら現場の課題解決につながる研修を企画しても、研修転移の促進がなされないのです。現場ヒアリングを通じて企画した研修であっても、現場で上長の支援を受けて参加者が行動に移すには、相当な壁があるのです。

「現場の責任者を巻き込む」という言いまわしがありますが、人材開発担当者には、言葉以上に重くのしかかってきます。なぜなら、教育部門としては現場の邪魔をしたくないという恐れから、逃げの企画になってしまうことがあるからです。そうではなく、攻めの企画を現業部門の責任者と共同で企画していくことが求められます。

　先ほどの例でいえば、全部長陣の会議で時間を一部いただき、ヒアリングで得られた営業部門の課題を提示します。研修によってその課題をどのように解決できるのかを明確に示し、それによる営業部門のメリットを訴えます。それと同時に、研修内容の現場での実践へ向けては、営業部門側にコミットメントを求め、共同企画を立てる許可を取り付けることが大切です。研修を通じた成果を明確にし、その成果創出に向けたお互いの役割を明確にします。

　たとえば、人材開発部門の役割を"課題解決につながる研修プログラムの企画と実施"と"現場での実践に向けた支援"にします。一方で、営業部門の役割としては、"学習内容の実践状況の把握と向上"とし、行動変容の数値を取り、期限までに目標数値を上回ることに対してコミットするような共同企画にするのが効果的です。

　要は、ともに責任を負った共同企画案にすることで、互いに逃げられない環境に追い込むことが大切なのです。現場部門が人事部門に研修を打診して「後はよろしく頼む」というような依存関係では、現場での行動変容は起こり得ません。ともに責任を持ち合う、緊張感のある企画案、役割分担にすることが何より大切です。

　その際に必要なことは、現場部門への研修実施状況に関する中間報告会を企画に組み込むことです。それは、あらかじめ事後課題が決まっていたにもかかわらず、「負荷が大きい！」と一部の現場責任者が反発してくるようなケースがあるからです。また、参加者本人が上長に「この

時期は、本業対応に支障が出るので事後課題への対応が難しい」と訴えるケースもあるからです。中間報告会で、ここまでの成果を現場部門にアピールし、引き続きご協力賜りたい旨の報告を通じて、再度現場を巻き込み直す必要があるのです。

　以上、これらの点を意識すると、より研修転移を促す企画になるでしょう。

3．研修を、職場ぐるみのOJTの場に変える

　まず、職場の課題を解決することを考えた上で、研修の対象者を誰にするのかを考えることはとても大切なことです。どの層に受けさせるのがもっとも効果的なのか、また、どの層を次の機会にまわすべきなのかも同時に考えることで対象者が見えてきます。

　しかし、人材開発担当者として企画する上で悩ましいのは、たとえば、本当は管理職を対象にしたいが、忙しい管理職層への遠慮などから、管理職手前のリーダー層にまずやってみようというような判断になってしまうことがあります。つまり、本当に来てほしい対象層より下のレイヤーを対象にしてしまう研修企画が意外と多いのです。これでは、参加者の行動変容を通じて職場の課題を解決するには、必要以上に時間がかかってしまいます。

　そこで人材開発担当者は、本当に来てほしい人にどうやって研修に関わってもらえるかを企画段階で考えることになるわけです。本来、来てほしい人が仮に研修の参加者でなくとも、研修の教室に来ていただき、なんらかの形で関わっていただける方法を考えればいいのです。たとえば、次のようなプローチが考えられます。

　1）社長や役員に研修の冒頭で講話をしていただく

2）先輩社員にゲスト登壇していただき、経験談などを話してもらう

3）2グループに一人、先輩社員がアドバイザーとして関わる

4）先輩社員にオブザーバーとして参加していただき、コメントをもらう

5）新任マネジャーと既存マネジャーのようなペア参加の研修にする

6）複数の先輩社員を社内講師にして社員を直接、教育する

7）ロールプレイングの、お客様役やチェック役でご協力いただく

このように、仮にもっとも来てほしい人が研修の参加者でなくとも、それ以外の方法で教室に来ていただき、育成に関わっていただく方法を考えることで、より多くの人が関わり、研修転移が促進されやすい企画案になります。

といいますのも、昨今のような経営環境の変化や、働き方改革が求められる状況下では、一人の若手を育てるには、一人の上司や先輩だけでは対応しきれなくなっています。

そのため、一人の若手育成には、職場ぐるみでさまざまな人が関わることがとても重要です。よく「斜めの関係」といいますが、隣の課の人だけでなく、より大きなくくりで課、部、本部とその範囲を広げ、多くの人で若者に寄ってたかって育成するようなアプローチ

研修を、職場ぐるみのOJTの場に変える

が今後ますます求められるでしょう。

　しかしながら、職場ではまだまだそれが根づいていません。そこで、人材開発部の研修企画担当者としては、それを根づかせるきっかけ作りとして、目指す理想の育成環境を研修の教室内に作る企画を立ててしまえばいいのです。参加者のステークホルダーにとっても、職場ぐるみで育成するきっかけとなり、研修転移につなげやすくなるでしょう。

4．1年で完了する企画でなく、3年先を見据えた企画にする

　研修を企画する際には、自身のMBOの目標設定と連動した形で企画を立てることになります。たとえば、新人向けの研修を新規にリリースするのであれば、"新人向け内製研修の企画立案"がMBO上の目標の一つとなるでしょう。

　しかし、その目標は年度内の目標なので、どうしても研修の企画自体も年度内に完結する企画となりがちです。たとえば、"10月末までに企画立案、2月末までに実施準備の完了"というような目標となるため、1年というスパンでの研修企画にどうしてもなりがちです。果たして、1年というスパンで研修を企画し、本当に社員の行動変容につながるでしょうか？

　たとえば、今の例でいうならば、新入社員をこれからの3年という月日をかけて、どんな人材に育てるべきか？といった視点で企画を考え、そこから逆算して今年1年の企画を立てる、というように考えるのが望ましいでしょう。

　といいますのも、研修を実施する1年目は勢いがいいのですが、その研修が終わると急にトーンダウンしてしまい、次に何をやればいいのだろう？と迷ってしまう担当者も意外と多いからです。つまり、新人向け

3年後を見据えた企画案にする

の研修を受けた直後はフォローはするが、2年目になったら後は現場に任せたよ！となりがちです。そうならないために、3年先ぐらいまでの大きな方向性や計画を現場の責任者と共有していることが、研修転移を促す上ではとても大切なことです。

　3年先を見据えるイメージをここでさらに具体的に考えてみましょう。たとえば、新規にクリエイティブシンキングの研修企画を立てるとします。みなさんなら、どのようなステップで、研修の参加者の行動変容を会社全体に浸透していく企画にするでしょうか？また、そのために具体的にどのような方法、ステップを取るでしょうか？

　わたしが3年先を見据えて研修の企画するときに意識していることは、まず1年目は小さく始めて周囲の感触を探り、研修コンテンツの精度を上げ、口コミの源泉を高めることです。2年目には、他部門展開、全国支社展開を見据え、3年目は、全社的なムーブメントにしていくところまで視野に入れます。

　つまり、フェーズに分けて、研修転移がより起こりやすくなるように全体設計することを意識します。それにより、組織全体へ確実な浸透を図ることができるからです。たとえば、ファーストステップでは、クリエイティブシンキングというテーマに対して、手挙げで参加者を募り、

やる気のある人を対象に研修を行い、確実な行動変容とテーマに対する
ポジティブな雰囲気をつくることを目指します。

　比較的少人数で実施し、実施後のていねいなフォローをしながら確実
な行動変容を起こし、現場を少しずつ変えていくことに注力します。そ
れにより、目に見える形での確実な成果を作っていくわけです。前向き
にとらえてくれる人とムーブメントを起こしていくことが結果的に組織
全体の行動変容につながります。一気にやろうとせず、その波を作って
いく。このような考え方が研修転移を促す研修企画の一つのアプローチ
です。

　そして、セカンドステップとしては、まだ施策に対して前向きでない
人が自ら参加せざるを得ない状況を作っていきます。これらの人が参加
するというところまで含めて企画段階で考えると、全社への確実な施策
の浸透が行われることになるわけです。

　研修転移を促進する研修を企画する際は、なるべく組織全体に広がる
構想を、初期段階から戦略的に3年先ぐらいまでイメージして企画に落
とし込むことがとても大切です。ぜひ、小さく始めて大きく育てる3年
先を見据えた研修の企画を立てていただければと思います。

まとめ

　ここまで、研修転移を促す研修企画の視点を4つに分けて述べてきましたが、いかがでしたでしょうか？

　わたし自身、いわゆる研修と向き合い始めてから、18年の月日が経とうとしていますが、もともと研修自体がとても好きでした。また、研修には価値があると信じてきました。しかしながら、研修にはあまり価値がないのではないか？研修をするより、難易度の高い仕事を経験させたほうがより価値があるのではないか？そんな声を聞くことも多くありました。

　そんな言葉を聞くと大変悔しい思いをし、研修の価値をもっと高めてやりたい、とだいぶ偉そうに感情的になったことを思い出します。しかし、冷静に考えてみると至極当たり前なことですが、研修や教育に価値を置くタイプの人と、仕事の経験を通じて成長させることに価値を置くタイプの人と、2つのタイプが存在するだけです。また、両者の話をよくよくうかがってみると、人は自分自身のため、また、自分自身以外の誰かのために成長する必要があり、そのためのきっかけや支援が必要であるという点で、両者は共通した思いを持っているということにあらためて気付かされました。

　ここ数年、研修転移を目的とした研修の企画を行い、支援する過程の中であらためて強く確信しているのは、仕事を通じた経験も、研修を通じてお互いに学び合う経験も、双方とも人の成長という大きな流れのなかにあり、人の成長は、一人でできるものではなく、多くの人が関わることで成し得るものだ、ということです。今後はますます、"研修は研修"、"現場は現場"と分断して考えずに一体化して考えるようになっていくでしょう。

本コラムで述べたように、研修転移を促す上で大切な"現場を巻き込んだ研修企画"という言葉は、見た目以上に重く深い言葉だとわたしは考えます。まさに、「言うは易く、行うは難し」です。人材開発担当者の方と現場の責任者や教育担当者が、"研修も現場のOJTも深いレベルではいっしょであり、つながっている"と腹落ちできるかが大切です。研修も現場の教育もシームレスに連携し合いながら、寄ってたかって社員を育成していく先に、一人一人が力強く、主体的に行動していく人材に変容していくのだと思います。

Case: 4

三井住友銀行

研修転移の要諦は
実践を組み込んだ研修プログラムにあり

研修転移の現状

- 5月から11月までかけて、アクションラーニングを用いた新入社員研修を実施している
- プレマネジメント研修では、3カ月のインターバル期間に「課長観察」で学ぶ

　三井住友銀行では、早くから研修転移を念頭に、効果の出る研修の作り方についての講義やワークショップを重ねながら、人材育成の課題に取り組んできました。

　研修転移を高める方法について、各担当者の成功事例を報告する場が月1回設けられています。各担当者が受け持った研修後の改善事例のなかで、ほかの研修でも適用できそうなことはワークショップで共有するといった具合です。そうした研修転移についての高い

チームごとに、
「地域ナンバーワン」プロジェクトに取り組む

意識のもとで行われているアクションラーニングを用いた新入社員研修と、管理職を展望する階層に対する研修を見てみましょう。

研修の位置づけと、これまでの経緯

● アクションラーニングによる研修で自発的な行動を促す

■地域ナンバーワンを目指した新入社員研修

基幹職約900人の新人を対象とした研修プログラムでは、新人それぞれが所属する「拠店（エリア・支店）のサービスを地域ナンバーワンにする」という目標を与えます。支店に配属された新人が主体となって、エリア全体の従業員・上司を巻き込んで、目標の達成に向けたさまざまな企画を立案して、これを実践しています。

つまり研修が業務内容そのものになっているのです。

近年、営業店の体制としてOJTでの指導が低下傾向にありました。その理由は2点。セクハラ、パワハラなどへの過度な配慮から、指導を躊躇してしまうことが一つ。2点目は、指導側の人手不足がありました。

三井住友銀行の新人は、総じて真面目で、与えられたミッションには真剣に取り組むことから、テーマをしっかり与えれば、やり遂げるという傾向があります。

これらの傾向を踏まえ、研修では、現場でのOJT強化と同時に、受け身になりがちな新人に主体的・自発的な行動を促す仕掛け作りがカギになります。三井住友銀行では、グループ従業員が共有すべき5つの価値観、行動軸として「Five Values」（1. Customer First, 2. Proactive and Innovative, 3. Speed, 4. Quality, 5. Team SMFG）を定めています。この「Five Values」を体現する人材育成のスタートラインが、まさに新入社員研修なのです。

研修のテーマは、すでに述べたように、自分の「拠点（エリア・支店）のサービスを地域ナンバーワンにする」ということであり、実際に結果を出すことを目的としています。

研修前の工夫

- ●上司や先輩も巻き込み、拠店の現状把握と課題抽出を行い、改善策を考える

■約半年間で課題設定から施策実践まで

　新人は4月の新人研修後、支店に配属され、所属するエリアで数人から十数人のチームが決まります。そのチームごとに、約半年かけて、地域ナンバーワン・プロジェクトに取り組みます。具体的には、新人が拠点の現状把握を行い、課題を抽出。そしてテーマに沿った改善策を考えチームの運営方針を策定し、上司へ報告します。方針について上司の了承を得た後、拠点の先輩・上司など、周囲に働きかけて改善策を実施します。

　7月の集合研修の際には中間発表があり、他の拠点の同期の活動を参考にし、9月の集合研修で最終成果を報告し、優秀な取り組みを選抜します。

　10月にチームの成果は「エリア報告会」という場で上司にも報告し、11月には、9月に選抜されたチームが本店各部の部長席も出席する大規模な最終成果報告会で報告を行います。優勝チームは、何十というチームの頂点に立ったということになりますが、表彰されることが目的ではなく、実際にどういう取り組みをしてきたか、ということ自体が目的であるのはいうまでもありません。

　地域ナンバーワンのサービスといっても、それを実現する方法やアプ

ローチはさまざまです。お客さまをお待たせしないための工夫や地域独特のチラシ作り、フィールドワークなどのアイデアが出てきます。

　たとえば、支店に来店されたお客さまに、来店目的を尋ねて適切な誘導を行うロビー担当者が、「ロビーから始める適切なご案内」という施策を立案したチームは、お客さまのニーズを汲み取って、より適切な窓口につなげやすいツールを考えます。

　あるいは、お客さまの待ち時間の短縮は当然のこととして、どうしても生じる待ち時間そのものを退屈させない、有意義なものにするために、待ち時間にどのようなサービスが提供できるかを立案したチームもあります。

　ほかにも、浴衣を着て地域と一体となってイベントを盛り上げるなど、新人ならではのフレッシュなアイデアもあります。

　その地域を好きになり、その地域から愛される地域密着度ナンバーワンを目指して地域のイベントに参加したり、お客さまに合わせた情報提供と笑顔で、また行きたい店ナンバーワンを目指すというものもあります。

　この研修の主眼は、新人の一連の活動が、研修でもありプロジェクトでもあり業務改善でもあるという点です。しかも、評価の際には、「お

「地域密着度ナンバーワン」を目指した取組み

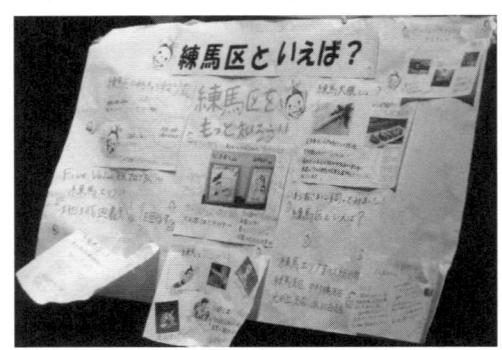

客さまにとって、地域ナンバーワンになっているか」と結果を定量的にも評価します。

　また、与えられた課題ではなく、新人自らが課題を見つけ、設定するところにも特徴があります。地域ナンバーワンというシンプルな目標を自分たちで具現化していくプロセスが取り組みやすいのでしょう。

　さらには、その新人のアイデアと、それを実践した結果は、十分、他店でも応用できる点も重要です。事実いくつかの試みは他店でも実施しています。

■基本行動の定着のためのOJT体制整備

　この新入社員研修のなかで、地域ナンバーワンを目指して自発的に行動することを促すことと並行して、研修企画者が腐心したのは、新人の社会人としての基本行動を定着させる工夫です。

　基本行動とは、あいさつから始まり、時間厳守、上司や同僚、先輩に適切なタイミングで報告・連絡・相談をすること、敬語の使い方に習熟する、書類の書式を守る、メールや電話の基本的なやり取りができるようになる、といったことを指します。

　しかし、新人は当然ながら社会人としてのビジネス経験が浅いので、基本行動の習得途上にあります。

　これを受けて、プログラムの実施要項を新人用とその上司用の２バージョン、新人の所属する拠点に提供しました。プログラムの狙いや意図などの趣旨を明示し、あいさつの仕方から始まり、忘れ物、報連相の不足、期限超過など想定される芳しくない事例を列挙。該当する事象が発生すれば、その場で指導してもらうように明記しています。それは、「鉄は熱いうちに打て」ではないですが、その後の業務習慣に影響するため、一年目にいかに指導するかが大切だからです。

　もちろん、すべての上司がすぐにプログラムの意図を理解した訳では

なく、最初は手探りだったそうです。しかし、新人の基本行動が定着すれば、その分、拠点全体、もしくは上司自身の負担も減るため、徐々にどのように指導するべきか、という呼吸がつかめてくるのです。完全に手取り足取りでもなく、だめという度合い、適切な声の掛け方のレベル感が上司の側にも定着してきたということです。

このように、研修所がどのようなケースは指導すべきかを明示することで、指導する側と指導される側が共通認識を持ち、基本動作が定着することを目指しています。

研修後に収集した新人へのアンケートには、「『報連相』の難しさと大切さを知った」、「チームワークなので、すぐに会いに行けない相手とどのように連携して仕事を進めるかの実地訓練になった」、「タイムマネジメントができるようになった」、「自発的に期限から逆算して、打ち合わせなどのスケジュールの組み立てができるようになった」などが挙がっています。

総じて、組織の一員として働くという自覚が芽生え、さらに、すべての原点はお客さまへのサービスであるということを学ぶ機会にもなっています。また、周囲の人を巻き込む難しさを知ることになると同時に、「自分一人ではできなくても、周囲や上司や先輩を巻き込むことで、新人の立場でもできることがある」、ということを身をもって知ったということは得がたい成功体験のようです。またその経験を通じて、自分で考え、行動し、自らスキルアップしていくことも自然に身につくようになっています。

■管理職を展望する階層のための研修

もうひとつのアクションラーニングの事例は、管理職を展望する階層向けのプレマネジメント研修です。

三井住友銀行の人員構成は、近年では30代後半から40代前半の人員

が少なくなっており、若くして管理職に登用されるケースが増えています。そのため、中堅層のマネジメント意識の早期醸成が課題の一つとなりました。

そのマネジメント層を強化するための研修の一環としてのプレマネジメント研修は、管理職になるための階層にあり、管理職登用前の中堅職員が参加します。課長に上がると、10人前後の部下を持つのが一般的でプレマネジメント研修では、マネジャーになる前に心構えや管理職の仕事を知ることで、登用されてからスムーズに役職に就くことができることを目指します。

対象となる階層の従業員は、所属している部署や店舗での育成状況にばらつきがありました。どの部、どの店舗にいても同じレベルの教育が受けられ、また実際に管理職としてどのポストに異動しても通用する育成の仕組みの確立が急務でした。

狙いとしては、マネジメントへの理解を深め、興味を持つこと。また、自身の課題を明確にし、具体的な行動に結び付けられることです。非管理職としての立場から一歩踏み出す、後押しをする研修です。

この研修は、「インターバル型」といって、次のようなプロセスで進みます。

まず、10月に1次研修があり、その後、11月、12月、1月の3カ月をインターバル期間として、2月に2次研修を行います。

マネジメントとは何かを考え、実践するために、「後輩の指導」と、自分が近い将来なる「課長の行動を観察する」という2点が大きな研修課題です。

1次研修では、DVDを視聴します。そこには現在課長職にある人が、先輩として、課長の心構えについてインタビューに答えたもので、5分程度のものです。昇進したときの気持ち、昇進までに準備しておいてよかったこと、自分はできなかったが、準備しておけばよかったと思っていること、働く上で大切にしていること、などが語られます。

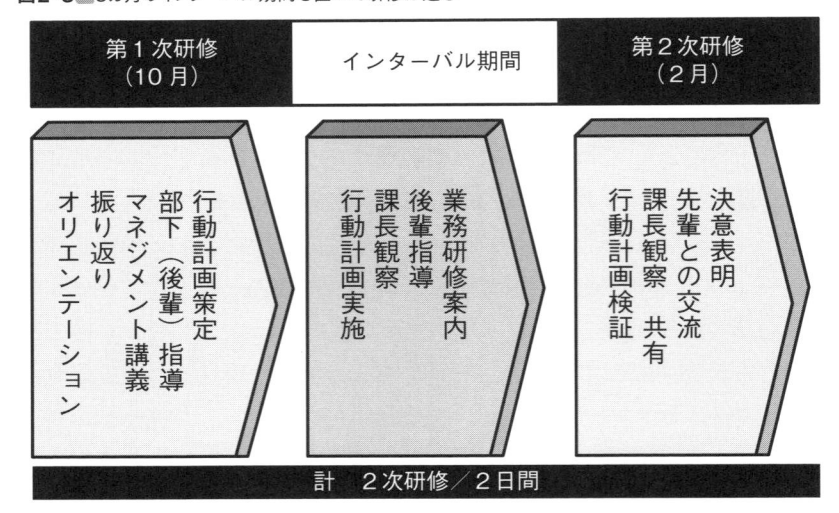

図2-3■3カ月のインターバル期間を置いて研修は進む

第１次研修 （10月）	インターバル期間	第２次研修 （２月）

第１次研修：
オリエンテーション
振り返り
マネジメント講義
部下（後輩）指導
行動計画策定

インターバル期間：
行動計画実施
課長観察
後輩指導
業務研修案内

第２次研修：
行動計画検証
課長観察　共有
先輩との交流
決意表明

計　２次研修／２日間

　ほかにも、ドラマ仕立てのケーススタディなどでマネジメントを考えるDVD教材もあります。

研修中の工夫

- 別の部署の現役の課長にインタビューをする
- インターバル期間には、課長を「観察」して、課長が自分の店舗でしている業務内容を把握する

■現職の課長を観察する

　ここで、一番革新的なのは、課長インタビューと課長観察でしょう。
　研修の受講者は、自身の上司である課長と、別の部署の現役の課長の２人にインタビューをするのです。

管理職として気を付けていること、管理職としての意識、管理職として ふさわしい行動や努力、マネジメントをする上で大切にしていること、 などを聞き出します。

　また、インターバル期間には、３カ月間かけて、課長を「観察」して、課長が自分の店舗でしている業務内容を把握し、どのような言動をしているのかを見聞して、「気づいたこと」を整理します。

　なぜ他部署の課長も観察するのかというと、自分がいる部署や店舗の課長とは違ったタイプに触れることで、管理職のあり方を考える上での幅が広がるからです。

　受講者の声として、異動すると、まったく違う会社のようだという感想がよく聞かれるため、他部署、他店の課長の姿から、自分はそのよいところをどう採り入れて活かすかを考えるのです。

　課長観察で受講者が学ぶことは、もちろん「何をマネジメントするのか」という、部下の労務管理、実際の営業業務や数字目標に直結する実務面もありますが、部店の運営において、「部署内、店舗内で、部下が話しやすい雰囲気をどう醸成するか」といった組織運営面を学ぶこともあり、それが意外に重要な学習内容であることも多いのです。

　研修の企画担当者は、観察対象の課長には「見られていますよ」と事前に連絡をしておきます。

　このことによって、現役の課長も、ふだんはルーティンとして「流して」いたかもしれない自分の業務や言動を振り返り、より効率的な業務のあり方、よりよい管理職としてのあり方を考え直すことができます。人から一挙手一投足を見られているというプレッシャーと負担は大変なものですが、見られているからにはこうあらねばならないという意識が芽生えることで、今一度課長としての自分を意識できます。自分のモチベーションも高まるという意味では、観察される課長にとっても重要な機会です。

■後輩指導のシミュレーションをする

　課長観察と並んで、大きな研修項目として、「後輩指導」があります。これは自分の上司と相談して、所属部署の自分の後輩に対して、もし自分がマネジャーならどのように指導するのが適切かを話し合い、その後輩の育成プラン、育成方針を考えるものです。これもインターバル期間に行います。

　研修受講者が、いざ課長になったときに、部下の指導がスムーズにできるようになる効果だけでなく、その場にいる後輩自身の指導にもなります。もちろん上司も、自分の部下の育成について、受講者と話し合うことで、違った観点を得ることができるなどの利点があります。

　このほかに、プレマネジメント研修ではネットワーキングも重視されています。同じ時期に昇進したタイミングの同期との交流の場を設けることももちろんですが、インターバル期間に、課長観察をして、それを直属の上司に報告したり、部下の育成について方針を話し合う機会を与えることで、上司との接点、上司とのネットワークをつくるという意味もあります。

　以上に見たような、特徴的な研修は、現場の上司や、観察される課長の負担が大きく、トップダウンでやれというものでは現場の理解も得られないため、研修企画担当者がきめ細かく研修の狙いや内容を共有し取組みを依頼するなど、フォローが重要となります。

■人材育成のプロセス自体が組織強化に

　拠店の人員構成は、中堅層が少なく、若手が多いため、上司自らが業績を上げていかなければならないというプレッシャーがあるのも事実です。プレイングマネジャーの上司は、OJTでの部下育成と業務推進を両立する必要があります。

しかし、マネジャーだけで業績が上げられるわけもなく、全員で協力しなければ決して目標は達成できないのです。いかにOJTを効率的なものにして、若い人を育てていくかがポイントになります。人材育成は研修だけではなく、日々のOJTを良くするための取り組みであるというのがこれらの研修の背後にある考えです。

　新入社員研修にもプレマネジメント研修にもいえることですが、ネットワーキングは重要なポイントです。上司・先輩と多くの接点を作ることで、長期的に、顔見知り同士の人が増えていくことになり、業務の連携が容易になります。部署間異動の多い銀行の場合、社内のコミュニケーションコストを下げることは、業務効率向上にもつながるのです。

今後の課題

●研修で機能したことを組織的にどう広めるか

　研修転移は、作った枠組みをどう活かすか、研修で機能したことを組織的にどう広めるかという段階に来ています。その意味では、一人の受講者の能力を引き上げるだけにとどまらず、周囲を研修に巻き込むことによって、組織にさまざまなノウハウが蓄積され、人と人との交流が盛んになり、組織開発、組織力の強化にもつながっているのです。セクショナリズムをいかになくすか、コミュニケーションの断絶をいかに防ぐか、組織が機能するための働きかけのきっかけとして研修が位置づけられています。

事例解説

　三井住友銀行では新入社員研修と管理職を展望する階層向けの研修でそれぞれ研修転移を高める工夫が行われています。

　まず新人は、4月に入社後、プロジェクトチームを組んで課題を解決するべく動き始めます。さまざまな現場を見て、現状を把握し、課題を抽出し、改善策を考え、拠点で実践し、所属店舗を地域ナンバーワンにするというプロジェクトとして、アクションラーニングを行います。

　アクションラーニングは1950年にレグ・レバンスが開発した学習方法です。彼が問題にしたのは、「アクションを伴わない机上の学習は実効性に乏しい」ということでした。現に多くの研修は成果を残すことがなく、アクションを伴わないまま終わってしまいます。

　これに対して、座学ではなく、現実の世界での具体的な実行を通して学ぶ、つまり、具体的な課題解決を手がけ、それを通して学ぶというのがアクションラーニングの要諦です。

　新入社員研修ではもう一つ重要なポイントがあります。アクションラーニングの成果を発表し、そのことに対する振り返りが行われているということです。振り返ることで、アクションラーニングの効果はさらに定着します。

　新入社員研修では、このように、地域課題を解決することと、研修を結び付け、課題解決力を高めることにつなげています。

　もう一つの事例、管理職を展望する階層向けの研修ではここ10年で広まってきた「インターバル型」という研修手法を用いています。10月に第1回研修をし、その後3カ月のインターバルを経て2月に第2回研修を行います。

　インターバル型の利点は、1回目の研修後に、実務でさまざ

まな課題解決を行い、２回目の研修時にそれを持ち寄って学ぶことにあります。

この研修では、インターバル型を通じて、現場と研修室をつなぐということに重点が置かれています。つまり、研修→インターバル期間中の現場→研修というプロセスです。

１回目の研修後、インターバル期間に、研修受講者が、現在課長である人にインタビューし、また、課長観察という機会を与えられ、その言動を観察して学びます。

見えるものも見えないものも含め、課長のさまざまな仕事の上での振る舞いのなかに、管理職の業務や管理職としての望ましいあり方、モチベーションの保ち方を意識的に見出していきます。

なかには、ふだん見てはいても気づいていないものも含まれます。声掛け、応対、言動、などから、観察する側が意識を高めて観察することで、何が重要なのか、管理職の業務の本質が見えてくるでしょう。

そこで学んだことを持ち寄って、２回目の研修に臨みます。インターバル期間での課長観察がその後の第２回の研修の研修効果を高めることになるのです。

このようにアクションラーニングとインターバル型を有効に採り入れているのが三井住友銀行の研修です。

Case: 5

ニコン

新入社員の第一歩を見守る「指導員制度」が研修転移のカギ

研修転移の現状

●「指導員」が1年かけて新入社員を一人前に育てる

　ニコンには、伝統的に「指導員」という制度があります。部署内に新卒の新人が配属されるときに、約1年間その指導を、「指導員」が担当するというものです。通常の先輩・後輩という関係とは違い、会社に入って初めにいろいろなことを教えてくれるため、人間関係が長く続くことも多く、心のメンター・メンティというべき関係性の深いものとなります。

　この「指導員」という仕組みは40年以上前から続いており、古くは師弟制度のようなものでした。ただ、職場が指導員に新人を任せきりにしてしまったり、任された指導員も指導内容が属人的で、指導スタイルが職場ごとに大きく異なったりするという課題があり、2008年ご

研修を受けた指導員（先輩社員）が、
新入社員を指導する

ろから体系的にまとまり、2014年ごろ今のような形になりました。

　ニコンの「指導員」および新入社員はどのように教育をされていくのでしょうか。その過程を見ていくことにしましょう。

研修の位置づけと、これまでの経緯

●40年続く「指導員制度」による新入社員研修を、2014年ごろに体系化した

■指導員に選ばれることは一人前と認められた証

　ニコンでは、新人の入社前に配属先の課長を集め、説明会を行っています。説明会の内容は、採用方針・配属先決定までの経緯・入社後の教育・OJT指導とサポート体制・指導員の選び方、等です。

　指導員は課長が選出しますが、細かい基準を設けているわけではありません。人事・総務本部人材開発部企画課の川口渡課長代理は、「新人と年齢が近い人がいない職場もあるため、若手社員であれば『少し視野を広げてほしい』、中堅社員であれば『マネジメントの視点を学んでほしい』というような意図を持って選んでもらいます」と説明します。結果的に入社5年目から10年目くらいの社員が指導員になるケースが多いそうです。

　ニコンの文化として脈々と続く制度であり、1年間の経験を終えて「初めは負担に感じたが、指導員をやれてよかった。成長できた」という指導員が多いとのことです。

　新入社員のほとんどは、人事部門による約1カ月の新人導入研修を受講します。新人導入研修と並行して、指導員も「指導員研修」を受講します。ここでは、OJTの進め方を学ぶとともに、後述する新人との「ペア研修」の準備をします。

研修前の工夫

- 指導員になる社員に対して事前にアンケートを実施。また、上司である課長に対してインタビューを行いキャリアプランと育成計画を作成する

■課長にインタビューし新人育成の方針を共有

　指導員研修の前に、ニコンでは2つの取り組みを行っています。

　1つ目は、指導員に対しての事前ウェブアンケートです。アンケート

図2-4■上司インタビュー

「指導員研修」事前課題

上司インタビュー

所属長名　　　　　　　　　　　　インタビュー日：　　　年　　月　　日（　）

OJT指導員名　　　　　　　　　新入社員名

【目的】OJT指導員が、所属長の想いや考えを理解することで、新入社員の育成計画を立てやすくする
【方法】OJT指導員が、所属長に「対面」で話を聞き、その内容を入力した上で「指導員研修」に持参する

1．所属長が考える新人の育成方針（3〜5年後の活躍イメージ）

2．自分が指導員に選ばれた理由、期待されていること

3.1年間で新人に身につけてほしいこと（期待する姿）
　　【Attitude　身につけてほしい態度・姿勢】

　　【Skill　できるようになってほしい技術】

　　【Knowledge　知っておいてほしい知識】

3．その他（OJT指導員が所属長に聞きたいこと）
　　例）私がOJT指導を進めるにあたって、周囲の協力をどの程度得られそうなのか？

以上（御協力ありがとうございました）

では「指導員になるに当たっての期待と不安」、過去に指導員経験がある社員には「これまでの指導員経験の苦労と工夫」などを聞いています。このアンケートに回答することで、未経験者は指導員という役割に対する関心の喚起と心の準備ができます。

　２つ目は、指導員から上司に対してのインタビューです。新人の入社前に行う課長への説明会では、課長に対し、新人が１年後、３年後にどうなってほしいかというキャリアパスを具体的に考えてもらうように依頼します。

　指導員は課長に、「自分を指導員に任命した理由」「キャリアパスを通じて描く１年後の新人の姿」「１年間で習得すべき知識・スキル」などを尋ね、今後１年間の具体的な育成計画をつくります。

図2-5　育成プラン

「育成プラン」　　　　　　　　新入社員名：　　　　　　指導員名：　　　　　　　作成日：　年　月　日

	2016年 4月　5月　6月	7月　8月　9月	10月　11月　12月	2017年 1月　2月　3月	育成方針 大事にしたいこと　キーワード
Event 販促イベント、展示会、研修、長期出張、繁忙期等、既に分かっている予定（新人に何かを経験させる良いチャンスとなることも）					
Attitude 態度・姿勢	PLAN				
	CHECK				
Skill 技術	PLAN				
	CHECK				
Knowledge 知識	PLAN				
	CHECK				

■職場ぐるみで育てるための「人脈マップ」を作成

　もう一つ、指導員に課せられているのは「人脈マップ」の作成です。

　人脈マップとは、新人が仕事で関わる組織と人を図示したものです。指導員は、人脈マップを指導員研修中に作成します。定型的なフォーマットを作成せず、自由に記入します。

　人脈マップによって新人は、社内の誰に聞けば何がわかるかを知ることができます。一方、指導員は「新人の育成は職場ぐるみであり、一人で抱え込まなくてもいい」という人事部門のメッセージを理解することができます。

社内の誰に聞けば何がわかるかを知ることができる「人脈マップ」

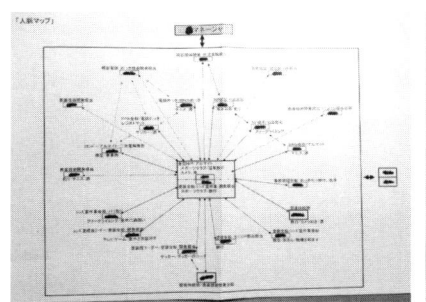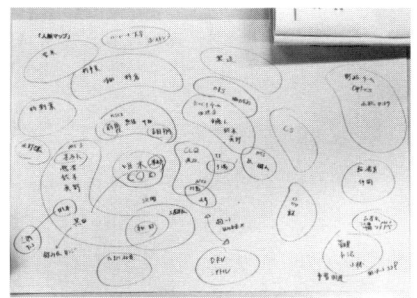

　新人と指導員が初めて顔合わせをするのが「ペア研修」です。ペア研修は、指導員から業務に関わるさまざまな説明を受ける貴重な機会となります。

　何より、このペア研修の長所は、「何を聞いてもいい」ということでしょう。何人くらいの職場で年齢構成はどうなっているのか、雰囲気はどうか、服装はどういう人が多いのか、などといった新人の関心事を事前に確認でき、「来月の〇日ごろに歓迎会をする予定」といった細かい情報も指導員から伝えられます。ここで新人は不安が取り除かれ、配属に向けた心構えを持つことができるのです。

ペア研修の様子を、数年前に受講した一谷めぐみさん（人事・総務本部人材開発部企画課）は、次のように説明します。「配属が自分の希望通りではない人もいますが、何を聞いても大丈夫な雰囲気の研修を受けた結果、指導員とざっくばらんに話すことができ、配属先をポジティブに受け止められるようになった人もいます。このような研修が配属前にあるというのは、不安を取りのぞきモチベーションを向上させるための大きな要因の一つになると思います」

　指導員が「指導員研修」という研修を受けているということが、新人にとっての安心感につながっています。

　たとえば、先述した「育成プラン」は、このペア研修の場で、新人のキャリアパスに関する説明とともに新人に渡します。これは、「自分のことを事前によく考えてくれているんだな」という印象を与えます。また、「人脈マップ」を見ながら「この人は〇〇の専門家だ」、「この人の趣味は〇〇だ」というようなことも話せるので、指導員と新人に年齢差があり共通の話題が見つけにくい場合でも、コミュニケーションが取りやすいという効果もあります。

　2015年度の指導員研修直後に取った、同研修の満足度調査によれば、指導員研修を受けて「この研修は役に立つ」と感じた人は、先述した育成プランを基に指導をしたり、研修の内容をより実践・活用していたりする傾向が見られました。研修の満足度が高い参加者ほど「人脈マップ」が充実しており、現場で協力を得た人数が多いこともわかりました。

　ニコンの研修では、このように「研修前」「研修後」にアンケートを繰り返し実施し、その分析結果をその後の研修に活かすところに大きな特徴があります。受講者の反応を細かく聞き取り、結果をフィードバックしていますが、これも研修の実効を高める、つまり研修転移を促す仕掛けの一つといえるでしょう。

●半年後のフォロー研修で指導員から新人への手紙を書かせる

■1年後、3年後に新人にどうなってほしいのかを書く

　最初の1年を新入社員に並走する指導員の役割には、非常に大きなものがあります。新人と指導員の関係においては、周囲は我関せずで、業務以外の部分も指導員一人ですべて抱え込む、ということも起こり得ます。そのような場合、指導員に新人を任せきりにしないよう、課長がフォローすることが大切です。新人を育てるだけでなく、指導員もともに成長する場であるように、と課長に対して人事部門は説明しています。

　配属半年後には、新人フォロー研修を行います。ここでの目的は、半年間を振り返り、現状を見つめて、今後のアクションプランを作成することです。

　このタイミングで、指導員や職場のメンバーに対して感謝している点や要望をヒアリングし、その内容を研修後に指導員に伝えます。指導員にとってみても、実際のところ新人が指導についてどう考えているのか、どのような課題感や悩みを抱え込んでいるのかわからないことが多いので、ヒアリング結果を熱心に聞く人が多いそうです。

　一方、この新人フォロー研修のときに、新人には内緒で、指導員は新人への手紙を書きます。そこには、新人が頑張っているところと今後改善が期待できるところ、また1年後、3年後に新人にどうなってほしいのかが書かれています。新人自身も自分で振り返りは行いますが、アクションプランを立てる上でも、この手紙の内容を参考にする新人が多く、非常に影響が大きいようです。

　そのため、人事部門でも指導員の手紙はすべて目を通し、内容が曖昧なものや、もっともらしく見えるが本人をよく見ていないと考えられる

ものについては、指導員当人に書き直しをお願いすることもあります。

研修後の工夫

●アンケートで指導員として苦労したことや次年度へのアドバイスを聞く

翌年3月には指導員という役割は終わります。2月からウェブアンケートを取り、新人には指導員への感謝と次年度の新人へのアドバイスを、指導員には指導員として苦労したことや次年度へのアドバイス、人事部門への要望を聞きます。また、指導員がアンケートを書いた後、課長にも、「指導員に任命した課長から見てどうだったか」という質問に対して、コメントを取っています。

「私は40歳になってから初めて指導員を経験しました」と話すのは石井弦一郎・人材開発部教育課長です。当時の職場は技術者の男性ばかりの野武士集団でしたが、入ってきた新人は女性でした。それまでは「寄らば切るぞ」という雰囲気を出していたという石井課長が、指導員という経験を通じて、「お前変わったな」と上司からいわれるほど柔和になったといいます。

「新人との関わりで自分も学ぶことが多かったです。1年間で指導員の役割は終了しますが、その新人との関係性は終わりません。職場が変わっても、何かあれば相談できるような関係性が続いています」と石井課長は言います。

事例解説

　ニコンの研修は、研修を行う「指導員」に対し、上司からの意識付けを行うこと、上司からのサポートがあるという点がまずポイントです。

　上司を事前課題を通じて研修に参加させ、上司の期待を参加者に伝えさせるのです。指導員は、自ら上司に、なぜ自分を指導員にしたのか、どういうゴールに向けて動くべきなのか、自分は上司からどういう期待を持たれているのかをヒアリングすることで、上司の期待や思いを聞き、指導員としての自覚やモチベーションを持つことができます。

　普通なら、上司は研修のために指導員を任命して終わりというのが一般的でしょう。それを指導員の側からヒアリングさせるというプロセスを設けることで、上司はそれをいわざるを得ない立場に置かれています。上司の巻き込みが研修のプロセスに組み込まれているのです。

　もう一つの特徴として、一つの研修を一代限りで終わらせない連動性、連続性の工夫と世代継承性が意識されている点が挙げられます。

　指導員は次の年の指導員にメッセージを送り、新人も次の年の新人にメッセージを送ります。

　ある年の研修がその年で終わらず、常に次の研修を意識して行われ、研修内容を次代にも伝えなければならない、という継承性を前提としているところが重要です。

　バトンを次代に受け渡すように研修が続いていくこと、学ぶことと、育成することを通じて、組織文化を良好に導いていく仕掛けになっているのです。

　ニコンでは10年間この継承が続いていますが、当初は職場

は研修に協力的でなかったそうです。しかし参加者が増えていくに従って、浸透し、現在では、アンケートで職場が協力的でないという回答がゼロにまでなったといいます。

　組織文化を変えるというのは時間がかかることですが、長く続ければ組織は変わっていくという好例です。

Case: **6**

ビームス

月1回、半年繰り返す
OJT研修の面談の効果

研修転移の現状

● 面談を毎月1回実施してフィードバックを行う

　国内外で約160店舗のセレクトショップを展開するビームスでは、入社から３年間を新人教育期間と位置づけ、OJTとOff-JTを組み合わせて若手育成を進めています。

　新人育成のキーワードは「主体的な人になる」ということです。それを実現するための手法として、「自分で目標を立てる→それに挑戦する（実践）→他者＝先輩からフィードバックを受けて試行錯誤する」というサイクルを繰り返します。

　その結果として、外部からの働きかけがなくても、自分の判断で振舞うことができるようになる、すなわち「主体的な人になる」を達成する、という考え方です。

　このような考え方と手法をベースとし、2013年からスタートした入社１年次から３年次までの育成手法について、ざっと説明していくことにしましょう。

●入社1年次から3年次までの育成プログラムが2013年からスタートした

■本人、トレーナー、店長の評点の違いについて話し合う

新入社員は、まず店舗に配属されて6カ月間にわたるOJT研修を受けますが、それは研修転移を強く意識したプログラムになっています。

現場での販売業務を通して経験を積み、商品知識や接客ノウハウを身につけていくのですが、特徴的なのは指導係である先輩社員（トレーナー）だけでなく、店長や幹部社員も巻き込んでOJTが展開されることです。

研修後の工夫

●面談を毎月1回実施してフィードバックを行う

研修転移を促すための仕組みとして、面談を毎月1回実施してフィードバックを行います。フィードバックとは、上長の目から見た新人の成長の現状を本人に通知し、行動の改善に役立ててもらう機会です。それも、上司と新人の1対1の面談ではありません。その場には本人とトレーナーに加えて店長とスーパーバイザーと呼ばれるエリア統括のマネジャーや、部課長が加わり、さらに人材開発部の担当者がファシリテーターとして参加します。その際、チェックシート（P.150-151）を使って、業務に関わるさまざまな行動がきちんとできているかどうかを、本人による自己評価に加えて、トレーナーと店長が評価します。

毎月1回とはいえ、上司・先輩層にも面談の負担は重いはずですが、人材開発部の原田謙太郎さんは、次のように狙いを説明します。

「もともとビームスはOJTを通して現場が人を育てるという文化の会社で、教育体系がありませんでした。そこで、新人と一緒に、上司や先

新入社員1人に対し先輩、上司など
5人が同席して面談を行う

輩層も一体となって新しい育成文化を醸成しようと考えたのです」

　チェックシートの項目には、たとえば次のようなものがあります。

「居心地の良いお店」を創ろうとする行動

・お客様の近くを通るとき、すれ違うときは、お客様の目をみて挨
　拶・会釈をしている

・お客様・スタッフに対して正しい言葉遣い、言葉選びができてい
　る

「新しいファン」を創ろうとする行動

・お客様を出来るだけお名前で呼んでいる

・再来店してもらえるような工夫をしている

まだまだ「自分の能力」を高めようとする行動

・曖昧な点、わからない点はそのままにせず、必ず解決している

・他にできることはないか？常に自ら考え、できることをみつけて

図2-6■チェックシートで本人を含め3者で評価する

5…努力して予想以上の成果をあげた　4…努力して予想通りの成果をあげた　3…努力したが思うような成果が出なかった　2…努力が足りなかった　1…努力をしなかった

Ⅰ.「居心地の良いお店」を創ろうとする行動	本人	トレーナー	SMG
1 お客様の近くを通るとき、すれ違うときは、お客様の目をみて挨拶・会釈をしている			
2 歓送迎の挨拶は明るく笑顔でお客様に向けて行っている			
3 お客様・スタッフに対して正しい言葉遣い、言葉選びができている			
4 商品を大切に扱い、きれいに見えるよう整理整頓をしている			
5 ゴミや汚れに気付いて片付け、清潔で安全な店内を保つようにしている			
6 店内状況を把握し、お客様、スタッフを意識しながら自分の立ち位置を変えている			
7 お客様の動きやタイプにあわせた効果的なお声掛けをしている			
Ⅰの平均値	#DIV/0!	#DIV/0!	#DIV/0!

Ⅱ.お客様に「楽しいお買いもの」を提供しようとする行動	本人	トレーナー	SMG
1 ご覧になっている商品のメリットを伝えている			
2 お客様の要望や好みなど、着用シーンが描けるように聴き出している			
3 お客様の着用シーンにあわせた適切な商品提案ができている			
4 お客様のニーズに応えるだけでなく、さらに喜ばれるプラスの提案を行っている			
5 お客様の不安な点は解消・納得して頂けている			
6 接客を通してお客様に満足して頂けている			
7 アイコンタクト、相槌、質問、共感を効果的に使い、楽しく会話できる空間をつくっている			
Ⅱの平均値	#DIV/0!	#DIV/0!	#DIV/0!

Ⅲ.「新しいファン」を創ろうとする行動	本人	トレーナー	SMG
1 お客様に自分の名前を覚えてもらう努力をしている			
2 お客様を出来るだけお名前で呼んでいる			
3 お客様のお顔とお名前、接客内容を覚えている			
4 お連れの方にも良い印象を持って快く対応をしている			
5 再来店のお客様にアプローチしている			
6 再来店してもらえるような工夫をしている			
7 お客様に特別感を感じてもらうための行動を工夫している			
Ⅲの平均値	#DIV/0!	#DIV/0!	#DIV/0!

Ⅳ.「チームの仲間」を助けようとする行動	本人	トレーナー	SMG
1 報告・連絡・相談は忘れずに行い、責任ある行動をしている			
2 担当する仕事の意味を考え、精度・スピードを上げている			
3 店舗や会社のスケジュールを把握しようとしている			
4 他のスタッフも仕事しやすい、使いやすいことを考えて行動している			
5 感謝の言葉を忘れずに伝えている			
6 自ら積極的にコミュニケーションを図り、相互理解に努めている			
7 自分の考えを簡潔明瞭に伝えている			
Ⅳの平均値	#DIV/0!	#DIV/0!	#DIV/0!

Ⅴ.まだまだ「自分の能力」を高めようとする行動	本人	トレーナー	SMG
1 曖昧な点、わからない点はそのままにせず、必ず解決している			
2 仕事について日々振り返り、質とレベルを高めていく努力をしている			
3 常に洋服に興味を持ち、商品知識習得の為に勉強をしている			
4 BEAMSの代表として、お客様に憧れや好感を持たれるスタイリングをしている			
5 直接・間接的に関わる情報に関して興味を持って収集し、自分自身の能力向上の為に努力している			
6 店舗の目標、目指していることに対して、自ら積極的に取り組んでいる			
7 他にできることはないか？常に自ら考え、できることをみつけて行動している			
Ⅴの平均値	#DIV/0!	#DIV/0!	#DIV/0!
総合評価	#DIV/0!	#DIV/0!	#DIV/0!

トレーニー	トレーナー

凡例: —— 本人　　・・・・・・トレーナー

レーダーチャート項目:
- Ⅰ.「居心地の良いお店」を創ろうとする行動
- Ⅱ.お客様に「楽しいお買いもの」を提供しようとする行動
- Ⅲ.「新しいファン」を創ろうとする行動
- Ⅳ.「チームの仲間」を助けようとする行動
- Ⅴ.まだまだ「自分の能力」を高めようとする行動

本人記入欄

[1]これまでの振り返りと今後の行動

⇒ 前回目標
- ① 　　　　　　　　　　　　　　　　　　【　　　】
  - 気付きや成果 ＿＿＿＿＿＿＿＿＿＿＿＿＿＿
- ② 　　　　　　　　　　　　　　　　　　【　　　】
  - 気付きや成果 ＿＿＿＿＿＿＿＿＿＿＿＿＿＿
- ③ 　　　　　　　　　　　　　　　　　　
  - 気付きや成果 ＿＿＿＿＿＿＿＿＿＿＿＿＿＿

⇒ 次回目標（課題を解決するための、一ヶ月のあなたの行動）
どの項目の点数を上げる行動ですか？（【】内に番号を書いてください　：記入例【Ⅱ－4】）
- ① 　　　　　　　　　　　　　　　　　　【　　　】
- ② 　　　　　　　　　　　　　　　　　　【　　　】
- ③ 　　　　　　　　　　　　　　　　　　【　　　】

[2]仕事全般を通して

⇒ 気付いたこと

⇒ 不安に感じる点

トレーナーからメッセージ

一言メッセージ
- SMG
- HDD
- BLK長

行動している

　これらの各項目について5段階の評点をつけます。「5＝努力して予想以上の成果をあげた」、「4＝努力して予想通りの成果をあげた」、「3＝努力したが思うような成果が出なかった」、「2＝努力が足りなかった」、「1＝努力をしなかった」。これが5段階の内訳です。

　そこで意識されているのは本人なりの振り返りと、上司・先輩からのフィードバックです。つまり、OJT研修という最初の6カ月で「経験学習」をまわすことを習慣化すること。それが面談の本質ということになります。

　同じシートを使って本人とトレーナー、店長が評点をつけますから、当然ながら同じ項目でも評点にはズレが出ます。そのズレについて面談で話し合われます。1回の面談に要する時間はおよそ1時間ですが、2時間以上に及ぶケースもあります。

　チェックシートの評点をふまえた面談を通して、新人は自他の評価の違いを理解し、評価の低かった項目を次の1カ月でクリアするべき目標として設定します。

　このプロセスを6カ月にわたって繰り返します。

新人のOJT研修は6カ月に及ぶ

「チェックシートの評価はオール5を目指すことが目的ではありません。自分の課題を見つけ、目標設定をできるようにすることが目的です。目標設定ができることが、すなわち主体的な人の条件だと考えているからです」（原田さん）

　面談に割く時間とエネルギーは軽くはなく、現場マネジャーからのクレームもなくはない、といいますが、「"たしかに時間はかかるけれど、このやり方だと人が成長することが実感としてわかる"、という声に代表されるように、育成の手法として定着しています」（原田さん）

　チェックシートを活用する面談とフィードバックは、新入社員の意識と行動を変える、つまりは行動変容を促しますが、研修の効果はそれだけではありません。

　指導役の先輩であるトレーナーは、トレーナーの仕事が管理職のステップであることを理解します。上司の巻き込みを伴うOJT研修を通して、部下育成はただ業務知識を教えるだけのものではない、ということを知り、また面談の調整を通して部署をまたいだ煩雑なオペレーションに対処するという経験を積みます。

　また、店長とスーパーバイザーも行動変容します。店長は面談を通し

フィードバックの機会はふんだんにある

て、トレーナーにナンバーツー育成の観点で接し始めます。OJT終了後に、トレーナーの成長に関するアンケートに回答しますが、そこでは部下であるトレーナーの変容について言語化することを迫られます。そのことは、とりも直さず部下指導を含めた職場（店舗）マネジメントの基礎情報になります。

スーパーバイザーについても同様で、面談を通して店長を育成する視点を持つようになります。その下のレイヤーであるトレーナーについても、選定について最終判断を下しているので、その成長に強い関心を持つようになります。

このように行動変容が重層化していることが、ビームスの研修の大きな特徴といえます。

■3年目終了時には教える立場になる

6カ月間のOJT研修を含めて、1年目のゴールが業務に慣れ、職場になじむことを主眼とした「固める」ことであるとすれば、2年目と3年目は視座を上げ「広げる」ことを育成の狙いとしています。

2年目にはビームスのパリオフィス・スタッフが講師を務める勉強会を実施します。これは、ビームスという企業ブランドが世界からどのように見られているかを知り、ブランドが提供する価値とは何かを考えることを狙いとしています。言い方を変えれば、見える範囲を広げる試みともいえます。

それに続く「広げる」研修として、"プチインターン"を実施します。これは所属とは異なる社内の部署を自分で選び、半年の間に6日間、最大6部署の業務を体験するものです。受け入れ先には負荷がかかりますが、それでも約90の部署が受け入れをしています（比率は店舗が7：内勤が3）。

単に業務を経験して終わるのではなく、事前に「スタートアップシー

ト」を作成します。これは「今の仕事で発揮できている持ち味は何か」、「今の仕事にこだわらず、将来ビームスで挑戦したいことは何か」を記入し、それをふまえてインターン先を選ぶというものです。

さらにインターン終了後は「リフレクションシート」を作成します。「選んだ店・職場で思った通りのことが得られたか」、「あらためて自分が組織で貢献できる・したいことは何か」などを記入。つまりは振り返りを行うことで、現状と先々のキャリアイメージを明確にする、という狙いがあります。

つまり、ここでも経験学習の考え方がふまえられているわけです。

受講者の振り返りコメントには、「内勤や他のセクションを経験し、会社としてのおもしろさを感じた。店舗以外の仕事も経験したことで、興味の幅が広がった」、「見学した企画会議は学生時代に目指していた現場だったので感動した。生産の方々が非常に格好よく感じた」など、狙い通りに視野が「広がる」経験だったことが述べられています。

もちろん、全員が先々、希望通りの職種で働けるとは限りませんが、現職以外の組織の機能を知り、会社の全体像を理解することは、キャリアの選択肢を広げる意味でも有益であることは間違いありません。

続く3年目の育成におけるトピックは、同業の3社が合同で実施する100人規模のワークショップです。前述したインターン終了後に作成する「リフレクションシート」を事前に読み直して、キャリア観を醸成するための対話イベントに臨みます。

その翌日には新人教育の総仕上げとして、リーダーシップ研修を実施し、3年間の研修が1サイクル終わることになります。この新人教育の後、後輩に教える立場、すなわちトレーナーが誕生し始めます。

このように「固める」→「広げる」をモチーフとする新人育成は、経験学習を習慣化させ、行動変容を促しながら、組織の中でのキャリアプランを明確化することに成功しているようです。

2013年に今の教育体系ができるまでは接客技術などの単発の研修が多かったそうですが、企業規模が拡大し、社員が高齢化に向かうなかで、入社後の長いキャリアを想定した育成が必要となってきました。たとえば店舗に10年勤めた後、急に他の職種に転換することはなかなか困難です。そこで、最初の3年のなかでビームスという会社でどのように成長していくかを、キャリアプランとともに検討するという新しい方針が生まれました。

　もともとビームスは、ユーザーが社員として入社するケースがとても多い会社です。それ自体は悪いことではありませんが、OJT研修を通してファンをプロフェッショナルに変えること。それもまた、必要な行動変容であるのです。

事例解説

　ビームスの新人研修の最大の特徴は、他に例を見ないほど手厚いフィードバックのシステムにあります。フィードバックとは、一般に「耳の痛いこと」を本人に通知し、本人の行動の改善や変容を促すことをいいます。近年、部下育成の手法として、フィードバックを導入する企業は増えています。

　ビームスのフィードバックの特徴は、「フィードバックの量と質」を高めることにあります。

　まず、同社におけるフィードバックは、上司と新人の1対1の面談によって行われるのではなく、本人とトレーナー、店長、エリア統括のマネジャー、部課長、人材開発部の担当者などによって構成されるチームで行われます。多方面から多種多様な意見をもらうことができ、フィードバックの「量」を確保することができます。

　一方、フィードバックは「量」に加えて「質」も重要です。

　同社では、フィードバックのばらつきを抑え、一定水準の質を確保できるよう、新人のスキルをチェックするチェックシートを設けています。先ほどのフィードバックミーティングは、このチェックシートを基に行われますので、焦点を絞ったフィードバックが可能になります。かくして、同社では「フィードバックの量と質」を高めているのです。

　一般に新人研修といえば、人事が主導し、研修室に囲い込み実施するところが多いものです。一方、現場に配属してしまえば、後は現場にお任せになります。ビームスの人材開発の特徴は、人事が主導しつつも、その研修の舞台を研修室だけに限局させるのではなく現場に拡大していること。現場においてもフィードバックが一定のクオリティになるように支援を行って

いることかと思います。

　かくして、研修で学んだスキルが、現場で活きてくる —— すなわち、研修転移を可能にしているのだと思います。

研修転移を
促すための
働きかけ

前章では6社の事例を見てきました。アプローチ方法に違いはありますが、どれも研修転移を明確に意識し、それを実現するために「研修前」「研修中」「研修後」のそれぞれのフェーズで、工夫を重ねていることがわかります。とくに、研修によって受講者の考え方や行動がどのように変わったか、すなわち「研修後」に研修転移の実現度をさまざまな方法で測っていることは、参考になったのではないでしょうか。

　続く第3部では、本書の締めくくりとして、研修転移を実現するカギとして重要な「上司の巻き込み」について解説することにしましょう。上司にとって、ときに研修は、部下を現場から連れ去る「負の存在」に見えるかもしれません。少なくとも、いつでも歓迎、とはいかないはずです。しかしながら、第1部、第2部で見てきた通り、上司の協力を得ることなしに研修転移が実現しないことは明らかです。

　そこで、日ごろ研修開発の現場で苦労しながら実践を重ねる5人の担当者に語り合ってもらい、上司巻き込みの具体的な工夫とノウハウを浮き彫りにします。ここで描かれるのは、必ずしも華麗な成功譚ではなく、むしろ現場でのリアルな悪戦苦闘です。きっと共鳴・共感される点が多いはずです。

　そして、もう一つのカギとして、受講者にダイレクトに影響を及ぼす、研修講師のあり方・関わり方をコラムにまとめました。

■〈座談会〉
研修転移のカギを握る「上司巻き込み」のノウハウ公開

　多くの企業の人事教育担当者にとって、研修を企画・実施したのはよいけれど、思うように効果につながらない。すなわち「やりっぱなし」の研修となって、参加者が現場に戻った後の行動変容を導き出せないというのは共通する大きな悩みです。

　第1部で紹介した「転移マトリックス」（Broad & Newstrom 1992）を下に再掲載しますが、「転移戦略としてもっとも影響力がある」にもかかわらず、実態としてうまく「使われていない」要素に「研修前後のマネジャー（上司）の巻き込み」があります。

　そこで、本章では、人材育成の現場でトライ＆エラーを繰り返されている5人の人事教育担当者にお集まりいただき、現場の上司を巻き込むための具体的な工夫・ノウハウについて話し合っていただきました。

図3-1■転移促進策の影響度（転移マトリックス）

役割者		時間					
		研修前		研修中		研修後	
		使用度	影響度	使用度	影響度	使用度	影響度
	マネジャー	5	1	6	8	9	3
	講師	2	2	1	4	7	9
	受講者	8	7	3	5	4	6

1＝高い　9＝低い（使用度・影響度）
Broad&Newstrom（1992）[64] p.55 の図に一部加筆。

<座談会の出席者>
Aさん：システムインテグレーター 教育担当
Bさん：ゼネコン 教育担当
Cさん：自動車販売店 教育担当
Dさん：医療機器メーカー 教育担当
Eさん：システムインテグレーター 教育担当
（進行：鈴木英智佳）

1. 「研修前」の上司の巻き込み

■上司に強制力を働かせる

鈴木：研修転移のカギとして、「研修前後の上司の巻き込みが重要」とはいわれますが、なかなか難しい面があると思います。実際に部下を研修に送り出す現場上司の立場としてはどうなんでしょう？

C：まず大方は、「この忙しいのに」とか「研修なんて意味がない」というのが本音ではないでしょうか？　現場のマネジャーの6割くらいはそう思っていると思います。

A：反発するくらいならまだよくて、無関心なケースも多いですよね。「おい、○○さんは今日どこ行ってるんだ？」みたいな（笑）。

E：現場サイドとしては、研修を受ける必然性や問題意識が希薄だから、必然的に優先順位は下がりますよね。

鈴木：そうするとある程度、人事側から「強制力」を働かせないと上司は動かせないんでしょうかね？

D：「強制力」は必要ですね。我が社では、上司に部下の年間の研修計画を立てることを義務化しています。計画に対する実践もしっかりとトレースしていて、上司・部下ともにデータベースに研修の履歴

を残す仕組みがあります。

B：うちの会社でも研修に部下を送り込む際は、人事に対して推薦理由を明確に伝えてもらいつつ、本人との事前面談も義務づけて「研修参加への期待」を上司と部下の間で必ず確認してもらうようにしています。

鈴木：なるほど。何かしらの仕組み化や制度化をして、上司の関与に強制力を持たせるわけですね。

C：少し違ったアプローチですが、当社では上司を先に招集して、研修を体験してもらうこともありますね。結局、自分で体験したものしか、意義を認めないのです。たとえば、営業の実務に必要なITツールを実際に触ってもらって、日常業務では見えないであろうOff-JT教育の必要性を感じてもらいます。

鈴木：上司に部下の現状を直接、突きつけるわけですね。

E：やっぱり「必要性」を感じないことには、上司は動かないですよね。

A：加えて言うと、「即効性」も必要でしょうね。どうしても短期的な成果が優先されて、育成は後回しになりますから。

人事からの強制力で、
上司に部下への研修への関心を持たせる

■現場の課題とフィットさせる

鈴木：ということは、職場の課題と研修で学べることがフィットしないといけないわけですね。現場の納得感を得るためには、どの程度のフィット感が必要なのでしょう？

A：ざっくりですが、80％のフィット感。いろんな部署があるので、ある部署に完全にカスタマイズする、ジャストフィットさせるというのは難しいのです。だから20％の遊びは残して80％のフィット感です。人事としては、それくらい上司も研修への期待が持てる内容を企画する必要があるかと思います。

鈴木：研修の期待値調整、すなわち現場ニーズを把握するためにどのような取り組みをされていますか？

E：弊社では、事業部長クラスへのヒアリングアンケートをていねいに行っています。階層別に部下の課題感やできてほしいことなどを選択式の回答を設けて、定量的に分析をかけています。

A：情報収集の段階から巻き込むということでは、私の会社では「人材委員会」を活用しています。40〜50歳くらいの統括部長が参加する委員会で、現場で研修対象となる若手・中堅から上がっている声と管理職層の認識が合っているかどうか、研修課題として適切かなどを事前にすり合わせます。研修実施の際は人材委員会でのやり取りをふまえて、部下に研修に参加することへの意味づけにも協力してもらっています。

鈴木：確かに情報収集や企画立案の段階で協力者として巻き込んでおけば、自ずと研修への期待感や関心は高まりますよね。

D：我が社でも「昇格委員会」といって、部長クラスの各部門の代表者が集まる場で研修の実施計画について意見を求めたり、情報共有を図ることがあります。

C：なるほど。会議体を活用して、組織的に現場の上司を巻き込んでいくわけですね。

B：会議という文脈だと、以前に新人向けのOJTトレーナー制度を導入した時は、OJTトレーナーの上司に当たる方を一堂に集めて、制度の趣旨やOJTトレーナー研修の概要、上司と新人の育成に対して協力してほしいことなどを説明しました。

職場の課題と研修での学びをフィットさせる

C：それは、職場ぐるみで新人を育てていくという意識を浸透させるのにも、よい取り組みですね。

鈴木：上長と研修受講者を分離させずに、いかに結び付けていくかがキーポイントといえそうですね。

A：そのためには、やはり先ほども話に出ていたように、事前面談を徹底するなどして、上司と本人の間で課題感をすり合わせてもらう必要があるんでしょうね。

E：弊社では、研修のスタート時に人事の立場から「育てる責任、育つ責任」という話をするようにしています。研修で学んだことを現場での実践に活かし、行動を変容させるためにも、上司と部下、双方でベクトルを合わせることが大切だと思います。

C：それは素晴らしい！　私なんて上司に対しては必要最小限の事務連絡で済ませて、すぐに講師に「後はお願いします」とバトンタッチしてしまいがちです（笑）。

D：私も似たようなものです（笑）。

■上位方針と連動させる

鈴木：即効性のある業務課題については、うまく現場のニーズを拾い上

げて研修施策に結び付けていくことで上司を巻き込んでいく道筋が見えた気がします。では、中長期的な目線での人材育成についてはいかがでしょうか？

A：確かに組織戦略的には中長期の変化対応力を強化するためにも「未来への投資」という位置づけの研修もありますよね。

E：弊社では、人事部が5〜10年先に会社が目指すあるべき姿、さらにそれを実現すための理想の人財像を仮説ベースで立案しています。そしてそれが適切かどうかの裏付けを取るために全社員の2割程度にアンケートを取っています。

C：それはすごい。弊社にも人材育成要件は存在しますが、完全に形骸化しています。

E：それがトップダウンのアプローチだとすると、ボトムアップとつなげるために先ほどお話しした事業部長へのヒアリングアンケートと紐づけています。部下の課題感と上司ができてほしいと考えていることをぶつけるわけです。これによって、研修の必要性の説得力が高まると考えています。

鈴木：確かに中原先生も「経営に資する研修」ということをよくおっしゃっていますね。全社方針や人材開発戦略と結び付けて、上司になぜ人材育成が必要なのかを考えさせる視点が必要なのかもしれません。

5〜10年後に部下にこうなってもらいたい、という人材像を描く

上司に強制力を働かせる
- 人事評価制度などの仕組みに連動させ、部下への働きかけを義務化する
- 上司に部下の職場での現状を実際に体験してもらう

現場の課題とフィットさせる
- 研修ニーズに関して、現場へのヒアリングやサーベイを行う
- 上長クラスが参加する会議体で人材育成施策について合意形成する

上位方針と連動させる
- 全社戦略や人財育成開発戦略と結び付けて研修の必要性を喚起する

2. 「研修中」の上司の巻き込み

■研修に集中できる環境をつくる

鈴木：「研修後」の上司の巻き込みに移る前に、「研修中」の巻き込みについても少し考えてみましょうか。本書ではBroad & Newstormの「転移マトリックス」というものを紹介しています（P.40図1‐9、P.161図3‐1）。それによると、上司は「影響度」が9つ中8位（数値が大きいほど転移への影響度が小さい）となっていて、影響力を上げるといっても、実際は難しいところもあるのでしょうけれども。

B：確かに研修中に上司を巻き込むって考えづらいですね。

C：巻き込む、とまではいかなくても、少なくとも部下が研修を受講する邪魔はしてほしくないですよね。

D：わかります！　たまに研修中にもかかわらず、平気で部下にメールや電話で仕事の連絡をしてくる上司がいますよね。

鈴木：部下としては、上司からの依頼となったら研修よりもそちらを優先せざるを得ません。

E：上司なら、むしろチームメンバーにも連絡を入れないように働きかけるなどして、研修に集中できるような環境を作ってほしいと思います。

A：私の会社では、先ほど紹介した「人材委員会」の場を使って、現場の上司たちにそうした協力を呼び掛けています。

C：それはよいアプローチですね。メールだけだとなかなか周知徹底は難しいと思うので…。

部下の研修中はチームメンバーにも
連絡を入れないように上司が働きかける

■研修の一部に関わってもらう

鈴木：地道な働きかけも大事ですね。リアルに「研修中」に上司に登場してもらうのは難しいのでしょうか？

B：上司ではないですけど、うちの会社では社長や役員クラスの人に研修の冒頭であいさつをしてもらう、というのはよくやっています。

D：あ、それなら我が社でも！たまにただの武勇伝になって、大幅に時間を超過なんてこともありますが（笑）。

B：あいさつをお願いする方には事前に研修の目的や趣旨を伝えておい

て、極力、それに沿ったメッセージを打ち出してもらうようにはしています。

鈴木：確かに上層部からの期待が伝われば、受講者の研修に向かう姿勢や意気込みが変わってきそうですね。

C：意気込みという観点でいくと、弊社は営業会社ということもあって、特に営業研修なんかだと、ロールプレイの相手やフィードバック役として上司に登場してもらうことがありますね。

A：うわぁ、それはやりづらそうですね（笑）。

C：確かに受講生にとってのプレッシャーは大きいですが、そこは営業現場をよく知る百戦錬磨のツワモノなので、研修の効果はグッと上がりますね！

E：誰を呼ぶかも大事かもしれないですね。以前、キャリア研修で複数の部門長に「先輩の声を聞く」という設定で協力を仰いだのですが、結構、熱量のバラつきが大きくて…。

D：やっぱり人材育成に対して前向きだったり、理解のある人に協力してもらうというのは大前提でしょう。

鈴木：同時に先ほども出ていましたが、メッセージにズレが生じないよ

管理職層に研修の意義を伝え、
メッセージをもらうなど巻き込みを図る

うに、期待を明確に伝えておくことも必要そうですね。

■研修の「前後」と紐づける

A：受講生にとってのプレッシャーで思い出したんですけど、私の会社では以前に1カ月の新入社員研修の集大成として、現場配属後の行動目標を大勢の前で宣言するということをやりました。大きな講堂を使い、配属先の上司たちにもできるだけ同席してもらうようにしました。

C：上司の前で宣言するというのは、これまた結構、プレッシャーですね。配属された後、「あの時、あ〜言ってたよね」とチクチクやられそう（笑）。

A：確かに新入社員にとってはプレッシャーになったとは思いますが、研修後の行動変容を促すという意味では、よい刺激になったのではないかと思います。

B：それは、やろうと思えば、新入社員以外を対象にしてもできそうですよね。

鈴木：「研修中」でありながら「研修後」につなげるという点で、とてもよいアプローチですね。

D：少し視点が変わりますが、「研修前」と「研修中」をつなげたことはあります。いわゆる「上司からの手紙」と呼ばれる方法で、上司が受講生に対して日ごろ感じている長所や今後の期待を事前に書き記しておいてもらって、それを研修中のしかるべきタイミングで紐解いてもらうというものです。

C：なるほど。当社の場合、上司と部下が対面で会える頻度が限られているので、事前面談が難しいと思っていましたが、そのやり方ならできるかもしれません！

E：弊社ではよく360度フィードバックの仕組みを取り入れていますが、研修前に仕込んでおいて、それを研修中に活用するという意味では

同じですよね。

鈴木： そうですね。「研修中」に限定すると発想が広がりませんが、「研修前」「研修後」の施策を絡めると考えると、ほかにもできることがありそうですね。

行動目標を大勢の前で宣言する

「研修中の上司の巻き込み」のまとめ

研修に集中できる環境をつくる

● 少なくとも上司本人には邪魔をさせない

● 職場のチームメンバーからも連絡が入らないよう、協力を呼び掛ける

研修の一部に関わってもらう

● 研修や人材育成に対してポジティブな人に協力を仰ぐ

● 研修の目的や関わってもらうことへの期待を事前に伝えておく

研修の「前後」と紐づける

●「研修前」「研修後」の巻き込み施策を部分的に取り入れてみる

3. 「研修後」の上司の巻き込み

■上司と部下で並走させる

鈴木：では、ここからは「研修後の上司の巻き込み」に話を移したいと思いますが、いかがでしょうか。

D：これもやっぱりある程度、仕組み化が必要なのではないかと思います。我が社では先ほども話したように、データベースに上司のコメントなど研修後の履歴を残すことがだいぶ定着してきました。

B：うちの会社でも制度との連動は意識していますね。極力、半期の評価のタイミングと研修の振り返りのタイミングを合わせるようにして、1カ月後→3カ月後→6カ月後と計3回、上司とのレビューをするようにしてもらっています。

A：そこまで徹底してできると効果がありそうですね。

E：弊社では3回もの振り返りまではできていないですが、やはり研修後の上司面談は義務化しているのと、必ず上司と本人で研修後の行動計画を立てるようにしてもらっています。

鈴木：やはり上司と部下で一緒になってPDCAのサイクルをまわしていくことが必要なんですね。

C：他社の事例ですが、手挙げ式の公募型研修で「スキル強化プランシート」の記入を参加者とその上司に義務づけていて、シート上で、研修の学びを研修後にどのように実践するかも事前に計画しているそうです。たとえば、プレゼン研修であれば、研修後に実際に「いつ・どこで・誰に対してプレゼンをする」のかを明確にしておくイメージです。

D：事前に実践の機会が決まっていたら、研修を受ける態度も変わりそうですね。

B：何か面談の効果を高めるために工夫されていることはありますか？　うちの会社の場合、面談の数はこなしてはいるのですが、あまり質が伴っていない気がして…。

E：弊社では「マネジメントポリシー」といって、上司が部下と面談をする上でのサポートアドバイス集のようなものを用意しています。また、研修時のアクションプランシートには「実行する上で上司から支援が必要なこと」という項目を必ず入れるようにしています。これによって、上司側としても面談時に部下に対するサポート提案をしやすいようです。

A：なるほど、上司と部下の間でお互いの期待値をすり合わせることが大切、ということですね。

E：弊社では先ほどもお話しした「育てる責任、育つ責任」の考えをベースに、たとえば主任向けのキャリア研修であれば、「ステップアップのためにどういう経験（仕事）をデザインしていけばよいかを自分で考え、それを上司に提案して勝ち取って来い！」と送り出すようにしています。

C：同じ人事の立場として、Eさんの受講生に対する踏み込み方には感心します。

上司と本人で研修後の行動計画を立てる

受注

■事後アンケートを活用する

鈴木：研修後の効果測定や評価については、どのような工夫をされていますか？

C：やる必要があるとは思っていますが、正直なところ、なかなかそこまで手が回ってないですね…。

B：特別に分析などしなくても、アンケートを取ることに意味があるのかなと思っています。現場も「ほかの人はどのくらい取り組んでいるんだろう？」「どんな工夫をしているんだろう？」と気になっているようで、「アンケート結果だけでも共有してほしい」という声はよく耳にします。

A：私の会社でも「その後、部下に支援はしていますか？」「上司は支援してくれていますか？」と定期的にフォローアップのメールは送るようにしています。

鈴木：転移研究においても、メールやアンケート調査で継続して行動変容について尋ねること自体が研修のリマインドにつながり、現場での実践を促進するきっかけになるといわれていますね。

C：継続して調査するのはなかなか大変ですが、手間を惜しまず、粘り強く取り組むことが大切なんですね。

D：とはいえ、やっぱり実際にどのくらい行動変

事後アンケートを活用する

容があったかを定量的に測るのは難しいんですかね？

E：完全な解決策にはならないかもしれませんが、弊社では本人の見解と上司の見解が合致することを重視しています。すなわち、上司に対しては「部下の行動に変化を感じたか？」、本人に対しては「実際に何か行動に変化を起こしたか？」を研修ごとに確認し、両者の母数を定量的に確認するようにしています。

A：上司と部下の感覚のズレを数値化するという意味では、おもしろいアプローチですね！

■人事の熱量を伝える

鈴木：お聞きしていると、転移を促すためにはそれなりの手間暇がかかるし、それだけのリソースを割けるかどうかは、企業や人事部の規模によっても違ってくるのかなと思いました。

A：正直なところ、それはあると思います。私の場合は、採用も兼務しているので、研修ばかりに手をかけるわけにもいきません。

B：人手も時間も限られているなかで、どこまでやれたらよいんでしょうね…。

C：確かに転移を高めるための工夫はいろいろと参考になりましたが、モヤモヤ感は残りますよね…。

D：どこまでやれば転移したといえるかって、結局は人事の自己満足なんですかね…。

E：私はそれでもよいと思っていますよ。弊社では研修アンケートの定量評価および受講生のコメントに加えて、「人事としてやりたかったことが実現できたか？」というところにこだわっています。

B：興味深い視点ですね。

C：私も先ほどからEさんのお話をお聞きしていて、何というか人事としての覚悟とか熱意のようなものを感じていました。

D：確かに研修の冒頭のあいさつでも、ご自身の言葉でしっかりとメッ

セージを打ち出されていますもんね。

E：基本的に人は変化を好まない生き物ですからね。受講生をその気にさせて変化を起こさせようと思ったら、講師だけに頼っていてはダメだと思うんです。上司も含めて、人事の本気度が現場にも熱として伝わるのかなと。

鈴木：「転移魂 Transfer spirit」という考え方があります。（Haskell・1998、第1部p.49を参照）。施策の工夫やさまざまな仕掛けも必要ですが、ベースには人事の熱量、すなわち「この研修は参加者の問題解決につながる」そして「現場での実践につながるまで粘り強く関わり続ける」という担当者としての信念や覚悟が必要なんでしょうね。

人事の熱量を伝える

「研修前の上司の巻き込み」のまとめ

上司と部下で並走させる
- 研修後に上司と部下で振り返りと行動計画立案の機会を設けさせる
- お互いの期待値をすり合わせるための側面支援をする

事後アンケートを活用する
- 継続的な追跡をし、結果を現場に共有することで実践をリマインドする
- 効果性の高い指標について定量評価し、「感覚値」を数値化する

人事の熱量を伝える
- 「転移魂」を発揮し、粘り強く現場に働きかけ続ける

<座談会を終えて>

経験豊富な5名の人事教育担当者のみなさまから、「現場（参加者の上司）を巻き込む」上でのリアルな苦労と葛藤をうかがうことができました。

「現場が求めるのは短期的な成果であって育成は後回し」。上司にとって部下の育成は仕事のごく一部に過ぎず、教育担当者の想いとは裏腹に、歴然とした優先順位の違い、すなわち「温度差」があります。その温度差を埋め、少しでも上司に研修の重要度を上げてもらうための「ひと手間」こそが研修転移の肝なのでしょう。そこに特効薬はなく、「人事の熱量」をベースとした地道な働きかけが求められるのだと思います。

正解も終わりもない粘り強さが求められる一方で、「緊急ではないけど重要である」ことがしっかりと現場の上司と握られることによって、教育施策はその効果が最大化されます。上司の力を借りた現場ニーズの教育施策への反映、研修参加者への動機づけ、研修後のフォローなど、芋づる式にたくさんの副次的な効果が発生するのです。

「どこまでやれば転移したといえるかは、結局は人事の自己満足」という言葉もとても印象的でした。膨張する業務量に伴って、指示・命令、タスクの伝達中心になりがちな今日のビジネスにおいて、教育施策ほど担当者の「想いの強さ」が必要とされる仕事はないのかも知れません。

研修転移を促す講師の働きかけ

鈴木英智佳

　研修の気づき・学びをその場で終わらせず、行動変容につなげるためには研修参加者の上司による現場での働きかけが重要といわれています。この考え方には疑う余地がないものの、研修の時間内で直接、参加者と接するのは講師であり、講師のあり方・関わり方も参加者に大きな影響を与えるといえます。このコラムでは、「参加者の行動変容を起こすために必要な講師の働きかけ」を紹介していきます。

1. 参加者の現場を知る

　講師にとって、研修開始前に参加者に関する基本情報を把握しておくことは、とても大切なことです。なぜならば、研修は「参加者の問題解決」のためにあり、研修の効果を最大化しようと思ったら、参加者の現状を明確にイメージしておくことが必要だからです。

　参加者に関する基本情報とは、具体的には参加者の業務内容、業務上の人間関係、今後直面するであろう環境変化、そしてそれらを通して現在（あるいは将来）、参加者が直面している（するであろう）課題などを指します。講師としては、事前にこれらの情報を参加者本人、現場の先輩・上司、あるいは人事担当者などからヒアリングし、要所要所で研修内容と紐づけながら、参加者に意識面・行動面での変容を促していく必要があります。

　「今回、学んでいることは自分とは関連がない」

「講師がいってることはもっともだけど自分の仕事には役に立たない」

「職場環境を考えると、とてもそんなことはできそうにない」

研修中に参加者がこうした心境に陥っているとするなら、研修後の行動変容は起きづらく、「やりっぱなし」の研修となるリスクが高まります。

研修参加者の現場を知る

そこで、講師として重要な役割の一つは、指導内容を参加者が日常業務のなかでどのように活かせるのか、活用場面をイメージが湧くように具体的に伝えることです。

たとえば、先日私が担当した新入社員フォロー研修でこんなケースがありました。

◇対象者：金融機関に在籍する社会人１年目終盤の新入社員

◇業務内容：支店での窓口業務、貸付事務

◇対象者の課題：まじめで素直だが、指示待ち・受け身の傾向がある

◇今後直面する環境変化：半年後に新たな部署に異動となる

研修内容としては「主体性の発揮」がテーマでしたが、私が参加者のみなさんにお伝えしたのは以下のような内容でした。

「入社１年目は補助輪をつけて走っている状態。周りのケアも手厚く、これまでは上司や先輩から明確な指示があって、それをいわれた通りやっていれば大丈夫でした。しかし、２つ目の部署ともなると周りの見る目も変わって来て、それまであった梯子が外されて、補助輪ナシの状態で自走することが求められるようになります。どちらかという放置されて、細かい指導がない状態です。だからこそ、今回ここでお伝えした

ように、理解に曖昧なことがあれば自ら率先して関係者に意味や解釈を確認しに行く、周囲に対してどのような貢献ができるか自ら役割を見出すなど、自ら能動的に仕事に向き合う必要があります。『何も教えてもらえない』と他責にしていてはダメです」

このように研修で学んだことを、実際の現場のどのような場面でどのように役に立てられるかを研修内でイメージできると、参加者にとって行動実践の大きなモチベーションとなります。よく研修ではアクションプランを立てて締めくくることが多いですが、参加者のアクションプランをより具体的なものにするためにも、講師が参加者の職場の現状を踏まえたリアルな話をすることが必要です。

2. 「やればできる感」を高める

研修の参加者を動機づけするための考え方として、John Keller（ジョン・ケラー）が提唱した「ARCSモデル」があります。「ARCS」はそれぞれ、Attention（注意）「おもしろそうだな」、Relevance（関連性）「やりがい（意義）がありそうだな」、Confidence（自信）「やればできそうだな」、Satisfaction（満足感）「やってよかったな」の頭文字を取っています。

参加者の研修後の行動変容を考えたときに、ARCSモデルのなかで講師が最も意識すべきことは、3番目のConfidence（自信）です。

誰しも達成の可能性が低い、やっても無駄だと思えば自信を失って行動に移せません。逆に、成功体験を重ねることで自信をつけ、達成感や周囲からの評価が得られれば、さらなる行動のモチベーションにつながります。

たとえば、「テレアポをする」という行動目標があった場合には、「失敗したくない」「恥をかきたくない」「断られたくない」という心理が行動を阻害します。逆に、「こうすれば確実にアポイントが取れる」「前に

もできたのだから今回もできる」という自信があれば、テレアポへの恐怖心は軽減します。

　研修後に参加者に研修の学びを実践してほしければ、研修時間内に参加者に成功体験を積み上げ、自信を持ってもらう必要があります。特にプレゼンテーション研修やビジネスライティング研修などスキル系の研修の場合は、成長感やステップアップ感をいかに参加者に感じてもらえるかが大事になってきます。

　そのためには、簡単なことから徐々に難しく、またはBefore＆Afterの差を見せるなど、研修の設計や進め方に工夫を凝らす必要があります。

　たとえば、プレゼンテーション研修であれば、冒頭で個々のビデオ撮影（Before）をした後に、インプットやフィードバックを挟んで、最後にもう一度ビデオ撮影をして（After）、その成長実感を持ってもらうといった方法が有効です。

　参加者の変化が表出しづらい役割認識研修など内省型の研修の場合は、講師からの励まし、元気づけ（エンパワーメント）が重要になります。人のパフォーマンスはモチベーションによって大きく左右されます。参加者が「でも」「やっぱり」「自分には」…と言い訳をしそうな場面があったら、相手の可能性を信じて、最大限励まし、勇気づけましょう。

「凡庸な教師はただしゃべるだけ。よい教師はわかるように説明をする。優れた教師は自らやってみせる。しかし、偉大な教師は相手の心に火をつける」

　イギリスの哲学者、ウィリアム・アーサー・ウォードの言葉です。人は誰しも「成長したい」「変わりたい」「人の役に立ちたい」という願望を持っているものです。参加者のなかに必ず宿っているそうした小さな火種に風を送り、心のエンジンに火をつけ、勇気を持って一歩を踏み出せるよう、最大限のエールを送りましょう。

3．本人のWANTを問う

　研修で得られた学びや立案されたアクションプランも参加者本人に当事者意識がなく、ただ単に「いわれてやらされている」だけでは、自発的な行動変容にはつながりません。

　「馬を水飲み場まで連れて行くことはできても、水を飲ませることはできない」ということわざがあるように、やはり参加者本人が対象となるアクションを「心からやりたい」と思えている状態が必要です。

　本人が自主的な行動を起こしていくためには、自らが定めた目標（ありたい姿）が必要です。

　青山学院大学陸上競技部を箱根駅伝４連覇に導いた原晋監督の指導方法がビジネス界でも注目されています。原監督の指導の最大の特徴は、選手を管理するのではなく、選手の自主性に任せる点にあるといわれています。一つの取り組みとして、「目標管理シート」を使って、毎月、選手たちにチーム・個人各々のテーマ、そして個々の目標を手書きで書かせているそうです。監督から与えられるのではなく、選手自らが目標（ありたい姿）を設定することによって、日々の練習に対する自発的な取り組みが引き出されていると思われます。

　企業研修においても同じことがいえます。研修の学びに対し、参加者に自主的に「アクションを取りたい」という気持ちを促すためには、参加者自身の"ありたい姿（WANT）"を描かせて、その実現に近づくための手段として研修のアクションプランを位置づける必要があります。

　仮に主任・リーダー層向けの研修であるとするならば、数年後、社内でどのような存在になっていたいかを考えてもらいます。

　たとえば、『「○○さんのためなら」といわれるような周囲から信頼される存在になりたい』という"ありたい姿"をまずは本人が想い描くこと

が出発点です。それさえ明確になれば、その理想の状態に近づくために「職場の身近な問題に対して誰よりも率先して取り組む」「後輩やメンバーの取り組みを日頃からほめる」といったアクションが自然と導き出されます。

このありたい姿に近づくためのアクションの大切さを伝えるために、私はよく、松井秀喜さんの母校である石川県・星稜高校野球部の山下監督の言葉を引用させていただいています。

【心が変われば行動が変わる、行動が変われば習慣が変わる、習慣が変われば人格が変わる、人格が変われば運命が変わる】

「自分の望む運命（＝人生）を手に入れたいのであれば、今回の研修の気づき（心）をぜひ、実践（行動）に移してください。そして、それをやり続けて習慣にしていってください」というメッセージです。

人は誰しも理想とする人生、ありたい姿があると思います。企業研修はとかく、やらされ感があったり、会社の目的（参加者から見るとMUST）が優先されがちです。しかし、講師の働きかけ次第では、そこに本人の意志（WANT）を取り込むことも決して不可能ではないはずです。

本人の"ありたい姿（WANT）"を描かせる

二刀流

4．スモールステップを明確にする

　研修やセミナーが終わったタイミングではやる気満々なのに、しばら
く時間が経つとしぼんだ風船のごとく立てたアクションプランを実践に
移せない…という経験は誰しもお持ちなのではないでしょうか？

　このように気持ち先行で計画倒れに終わってしまうのには、いろいろ
な要因が考えられます。最も大きな要因の一つは「行動計画が漠然とし
ている」ことです。

　「行動計画が漠然としている」状態とは、取るべき行動が曖昧で具体
的な落とし込みができていないということです。

　たとえば「英語力を高める」というアクションプランがあったとした
ら、高めるべきは語彙力なのか、リスニング力なのか、文法なのか、は
たまたTOEICのスコアなのかといったことです。アクションプランを
具体化する手法としては、"SMART"が一般的によく知られています。

　Specific（具体的に）

　Measurable（測定可能な）

　Agreed upon（同意できる）

　Realistic（現実的な）

　Time bound（時間制限がある）

　これを踏まえれば、上述の「英語力を高める」というアクションプラ
ンも、たとえば「1年後にTOEICのスコアを600点から730点に引き上げ
るために、通信教育教材の『730点突破コース』を受講して、毎月の課
題を遅れずにこなしていく」といった具体的なプランにブラッシュアッ
プすることができます。

　アクションプランが計画倒れに終わりがちな2つ目の要因は「最初の
ハードルが高すぎる」ことです。

人は基本的に「変化」を嫌う生き物です。今までやっていないことを
やろうとしたとき、「面倒くさい」「失敗したらどうしよう」「周りから
どんな風に見られるだろう」「やらなくても別に困りはしない」…といっ
た心の声が出てくるのはごく自然なことです。そして最初のうちほど現
状へ引き戻す力が大きいため、まずは**スモールステップ（初めの一歩）
を用意して小さく始める**ことが大切です。

　**【小さなことを積み重ねるのが、とんでもないところへ行くただ一つ
の道だと思う】**

　メジャーリーガーのイチローさんもそんな名言を残していますが、
Small Step Big Changeです。

スモールステップを明確にする

　職場における行動変容もまずは、どんなに小さくてもよいのでとにか
くファーストアクションを起こしてもらうことが肝要です。

　上述の「英語力を高める」アクションプランであれば、試しに本屋で
「730点突破コース」のテキストを見てみる、あるいは通信教育会社に
資料請求をしてみるといったことでもよいでしょう。

　研修内の講師からの働きかけとしても、「行動を具体化する」そして「ス

モールステップを明確にする」ためのナビゲーションが必要です。

　前者としては、曖昧なアクションプランに対して**「具体的には？」「たとえば？」「いつ・どこで・誰に？」**としつこく問いかけましょう。

　「スモールステップの明確化」については、**「まず初めに何から始める？」「最低限、できそうなことは？」**と問いかけて参加者の思考を整理してあげるとよいでしょう。

5．逆戻り予防策を考える

　研修が終わった直後はやる気満々。固い決意を持ってアクションプランを作成し、周囲にも高らかに宣言！　ところが、いざ職場に戻って実践をしようとしたところ、さまざまな原因で何もできず…というのはよくあることです。

　元来、人は変化を嫌う生き物ですし、自分の意志とは裏腹に外部要因によって、アクションプランの実践が妨げられてしまうこともあります。そこで、あらかじめ研修の学びを実践する際に起こり得る障害やリスクを予測し、それに対する対策や打ち手を講じておくという発想が、『研修開発入門』（ダイヤモンド社）でも紹介をしている「逆戻り予防策」です。

　「逆戻り予防策」としては、**①起こり得る障害、②対処策、③周囲からのサポート**の３点を言語化できるよう、あらかじめワークシートなどに落とし込んでおくとよいでしょう。

　【逆戻り予防策の例】

☆アクションプラン：

　より他部署との連携をスムーズにするため、チーム内の役割分担をより明確にすることを上司に提案する

① 起こり得る障害：

　上司に相手にされない、あるいは手つかずのまま放置されてしまう。

② 対処策

　具体的なイメージを文書にまとめて、チームの定例ミーティングで改善提案をする。

③ 周囲からのサポート

　同じ問題意識を持っているA先輩を味方につけて、援護射撃をしてもらう。

図3-2■逆戻り予防のためのワークシート

ありたい姿				

具体的な行動計画

	取るべき アクション	スモール ステップ	起こり得る 障害	対処策	周囲からの サポート
1					
2					
3					

6．行動を宣言させる

　人は何かと易きに流れやすいもの…勉強・筋トレ・仕事、何でもそうですが、逃げ道があれば「ま、いっか」の気持ちで怠け心やサボりたい気持ちが出てくるものです。

　研修における学びの現場実践も同じようなところがあって、「やらなくても問題がない」状況だと、よほど意識の高い方でない限り、せっかく芽生えた自己変革意識や立てたアクションプランも、水の泡と化しがちです。

　そんなサボりたい気持ちを払拭し、研修の学びと気づきを受講者に実践に移してもらうためには、「やらないわけにはいかない」といったあ

る種の強制力が必要になってきます。そのように自分の行動実践に責任を持たせ、コミットメントを高めるのに有効なのが「行動宣言」です。

すなわち、研修後の行動目標を自ら周囲に宣言し、「やらざるを得ない」状況を作り出すということです。人は自ら宣言（約束）したことについては、周囲からの信頼を失わないために最善の努力を尽くすものです。選挙活動における政党のマニフェストに対して履行の責任が生じるのと同じです。

研修における行動宣言には大きく2つのやり方があります。1つ目は**研修の時間内で行う行動宣言**です。一般的には研修の最後の締めくくりとして行います。

「今回の研修を踏まえて、私は来週から×××することに取り組みます」と他の参加者に共有するだけでも、実践へのコミットメントは高まります。参加者の人数と、使える時間の長さにもよりますが、できればクラス全体で一人ずつ順番に発表ができるとベストです。他の人の行動宣言に触発されて、全体としての士気も大いに高まります。

行動宣言のもう一つの方法は、**職場に戻って、上司や先輩など周囲の人に対して行動宣言を行う**ものです。

学習の転移（行動変容）には「研修後の上司の働きかけ」が重要といわれているので、上司（先輩）に対して、自らが取ろうとしているアクションを説明し、理解と共感を得て、その実践に必要なサポートを得ることは大きな価値があります。

一方で、参加者の立場に立つと、上司に対して行動宣言をすることは大きなプレッシャーとなることが多いようです。

会社によっては、書いたアクションプランシートを上司に提出することに明らかな嫌悪感を示す受講者をよく目にします。この点については、「上司＝評価者」ではなく、「上司＝支援者」であることを講師の口から

伝えることが重要です。すなわち、「立てたアクションプランは自分自身のために実践するものであって、その実現を応援・サポートしてもらえるよう、うまく上司を活用していきましょう」とメッセージを伝えるのです。

また、行動宣言は、一過性のものにならないようにするために、口頭で伝えるだけでなくきちんと言語化（文書化）し、職場の壁など公の場に貼っておくのがオススメです。

「その後、あの件どうなったの？」「この間のアクション、続いている？」周囲から継続的にそんな声がけがされると、行動変容の確率もグッと高まります。

7．参加者同士を結び付ける

部活、受験勉強、ボランティアなどをイメージしていただくとわかりやすいと思いますが、何かを実践・継続する時に、「仲間」の存在は非常に大きいといえます。

「やるの面倒だな」「今日はサボろうかな」「もう止めてしまおうかな」…そんな心の中にいる弱い自分に負けそうなときに、刺激し合い、ときに励ましてくれる仲間の存在はとてもありがたいものです。

研修後の現場での行動変容においても同じことがいえます。

職場に戻ると、研修の参加者は自分との戦いにさらされます。すなわち、立案したアクションプランを実践に移すか否かの葛藤です。上司や先輩は、アクションプランを応援またはサポートしてくれる立場である一方、否が応でもそれを評価・判断する立場にもなります。

そんななか、研修を一緒に受けた参加者同士は、「立案したアクションプランを実践しないといけない」という同様のプレッシャーにさらされ、研修で共通の時間と体験をともにした、いわば「同じ釜の飯を食べ

た」戦友ともいえます。参加者の行動実践を後押しするために、この仲間の存在を活用しない手はありません。

　具体的に講師ができる働きかけとして、研修後の様子やアクションプランの進捗を参加者同士で共有する仕組みの構築を促すことができます。

　シンプルな取り組みとしては、LINEやFacebookといったSNSを活用して、参加者同士で自由に情報交換できる場を作る方法があります。ただしこの方法だと、自由度が高く参加者も多いため、やり取りは希薄になる可能性があります。

　より、強制力を高める手法としては、研修中のグループ（4〜6人）単位で小グループを形成し、そのグループ間で定期的に振り返りの機会を持たせる方法があります。

　たとえば2週間ごとにメンバーで進捗を共有し、さらなる課題と改善

図3-3 ■メーリングリストなどで参加者同士を結びつける

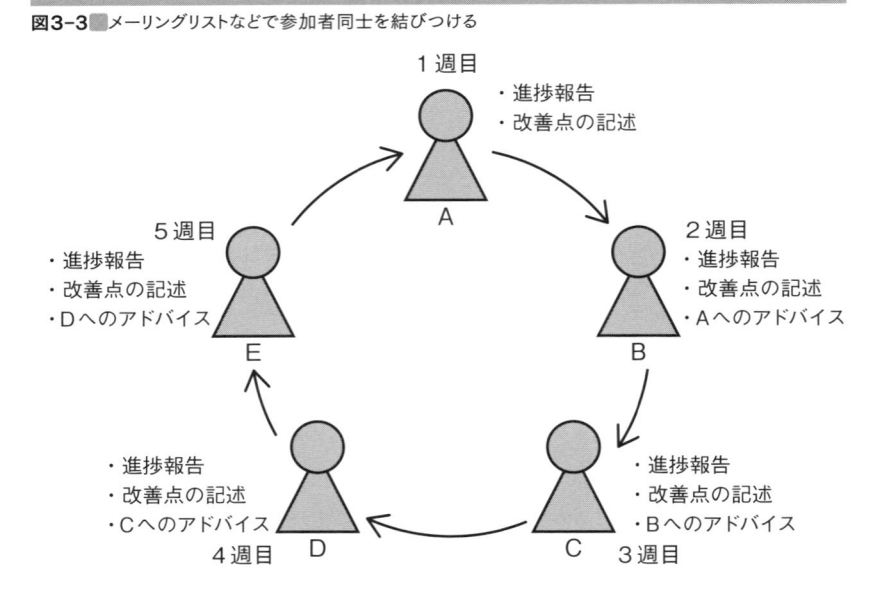

策を話し合うミーティングの場を持たせるというやり方です。

メンバーが一堂に介するのが難しいのであれば、Skypeやビデオ会議を使うのも一つの方法でしょう。あるいは、メーリングリストを作って1週間ごとに、持ち回りでアクションの進捗状況、今後に向けた改善点などをローテーションしていく方法もあります。2番目以降の人は、前回発信者に対するエールやアドバイスを書くこともルール化しておくと、お互いの一体感がより高まることでしょう。

いずれにしても、研修後は講師(あるいは事務局)が介在しなくともメンバー同士で自発的に意識を高め合う姿勢が求められるため、研修時にメンバーの仲間意識や一体感を高められるような場作りが講師には求められます。

8. ハッピーエンドで終わる

研修の終了時は、研修(Off-JT)の場から参加者を現場(OJT)へ送り出す出発点という意味において、参加者に行動変容を促すために重要なシーンとなります。

これまでも触れてきたように、講師の働きかけとしては、自分の立てた行動計画に対するコミットを促すことや、「やればできる」とエンパワーしてあげることが重要です。これらに加えて個人的にオススメしたいのが、「楽しくポジティブに終わる」ということです。

最終的に現場の第一線で行動を起こすことが求められる参加者の胸中には、ためらい・不安・葛藤などさまざまな感情が錯綜しています。そんな状況のなか、一歩を踏み出すためには、ある種の「開き直り」が必要になって来ます。

そんなときに必要なのが、ポジティブマインドです。

「たとえ失敗しても死にはしない」

「やってダメならそこからもう一度、考えればいい」

「やらずに後悔するくらいなら、やって後悔したほうがまし」

参加者の心にそんな気持ちを駆り立てる講師からの一言があるのが理想です。

【ゴールを100％外すのは、打たなかったシュートだけ】

これは、「アイスホッケーの神様、史上最も優れたアイスホッケー選手」といわれるカナダ人、ウェイン・グレツキーの言葉です。"No Action, No Return"をシンプルに言い表した素晴らしい言葉だと思います。

また、ハッピーエンドでポジティブに終わるという点においては、"ユーモア"を取り入れて、研修の場を笑顔で締めくくるのも有効な方法です。

ユーモアがストレスを緩和し、人の感情をポジティブにすることは、これまでも数多くの研究で実証されています。

アメリカ海軍の士官候補生読本では、「ユーモアのセンス」が士官としての必要要件の一つに挙げられるほどユーモアが重要視されているそうです。ふっと肩の力が抜けた状態は、心の曇りを取り払い、しなやかな行動につながるのです。

私の場合、「日本だじゃれ活用協会」の代表理事を務めていることもあり、だじゃれで最後を締めくくることがよくあります。

少し厳しめのメッセージや真面目な話をした後も、**「締めの挨拶が湿っぽくなってすみません」**と笑いを取り入れることで、参加者の表情がパッと明るくなり、ポジティブな雰囲気で参加者を送り出すことができます。

明るくユーモアに満ちたメッセージで、参加者が抱える研修後の実践に向けた不安をFUNに変えてみてはいかがでしょうか（笑）。

おわりに

　最後までお読みいただき、ありがとうございました。

　中原淳先生を含むこの本の執筆者4名は、ダイヤモンド社の公開セミナー「研修開発ラボ」の講師を、2014年から担当しています。

　「研修開発ラボ」では、「経営に資する研修」の企画・設計・運営・評価を行うためにどうしたらよいのかを、参加者のみなさんと一緒に考えていきます。そのなかで、多くの参加者が、研修内容の現場実践という「研修転移」の問題で悩んでいることを知りました。

　そこで、これまでの学術研究の知見や、各企業での事例を、わかりやすくまとめて、一冊の本として提供できないかという想いが、講師4人の中で沸き起こってきました。その想いを形にまとめて下さったダイヤモンド社の編集担当・間杉俊彦さんをはじめとするみなさんに感謝しています。

　本書は4人の共著ですが、第1部を関根雅泰と中原淳先生が担当し、第2部の企業事例は全員で選定、取材・執筆にはライターの奥田由意さん、相馬留美さんに、ご協力いただきました。コラムは島村公俊が担当しています。また、第3部は鈴木英智佳が執筆しました。

　本書内で、現場での実践事例をおしみなくご提供くださった、ファンケル、ヤマト運輸、アズビル、三井住友銀行、ニコン、ビームス、各社ご担当者のみなさん、お忙しいなかありがとうございました。

　そして、わたしたち講師に多くのヒントを下さった「研修開発ラボ」の参加者の方々、みなさんとの意見交換を通じて得たことは本当に大きかったです。なかでも小針美紀さん、小松忍さん、澤地慶光さん、髭直樹さん、別所俊彦さんには、本書のためにわざわざお時間をいただき、お話をうかがいました。ありがとうございました。

研修転移に「本気」で取り組もうとするなら、かなりの覚悟と労力が必要になります。「研修転移」に取り組むということは「やりっぱなしの研修」にしないということです。こう決意してしまうと、正直、楽な道ではなくなります。

・去年もやって好評だったから、今年もこの研修で…。
・とりあえず、研修参加者の満足度が高ければ…。
・現場を尊重したいから、研修部隊はあえて現場に介入はしない…。

　このような「逃げ」が打ちづらくなるということです。
　本書のさまざまな事例で紹介されたように、研修転移は、研修という「ハコ」のなかだけでなく、その前後、上下左右にも目配りしなければなりません。そうすると、これは「研修開発」というだけでなく「組織開発」[112]に近くなってきます。研修という手段を通じて、職場や組織全体に働きかけるということになるのです。現場にいる人たちを、ほぼ強制的に集合させることができる「研修」は、実はかなり強力な手段です。この強力な手段を使って、より経営に資する活動をしていこうとするのが「研修転移」の取り組みなのです。
　「組織開発」も視野に入れて「研修転移」を考えるようになると、わたしたちの仕事はより複雑になってきます。現場に転移しやすい研修内容の設計のみならず、研修前後の職場への働きかけ、経営陣や現場の管理職といったステークホルダー（利害関係者）たちの巻き込み等も必要になるからです。
　何より、研修を転移させたいと願う「現場」の様子を、より詳しく知る必要が出てきます。研修内容が使われるであろう現場の様子を知らなければ、どうやって転移させていけばよいのかのヒントも得られないか

112　主には、行動科学の知見を活用して、組織に介入し、組織の成長・発達を促そうとする理論や手法の体系を「組織開発」と呼ぶ（城戸2001『経営行動科学ハンドブック』p.95）。

らです。

その意味でも、これからの研修担当には、「研修」の企画・設計・運営・評価の知識、技術だけではなく、「現場」に関する知識や、「現場」の方々とのつながりが、より強く求められることになると思います。そして、そここそが企業「内」研修担当者の「強み」になっていくのではないかと思います。「外部」研修講師が持ちえないもの、それは「現場」とのつながりです。現場とのつながりを大切に考える、企業内研修担当者の方々にとって、本書が少しでもお役に立つことを願っています。

株式会社ラーンウェル　代表取締役　関根雅泰

索引

[アルファベット]

ARCSモデル………180

ES(従業員満足度)………26

LTSI(学習転移システム目録)………38

OJT研修………4　148

PDCAサイクル………67　172

SMART………184

SPトランプ………87

[あ]

アクションプラン………103　143　180　184

アクションラーニング………3　124　128　134

一般化………17

インストラクションスタイル………31　41

インターバル型研修………3　129　134

遠転移………19

[か]

学習の4段階モデル………65

企業内大学………59　98

逆戻り予防………41　186

近転移………19　86　93

研修設計のU字曲線………41

研修転移………1　17　58　109　112　162

研修後の目標設定………41

研修参加理由の明確化………43

研修転移システムモデル………38

研修内製化………23　70

研修評価研究………21

[さ]

再トレーニング………43

360度評価………26

受講者へのインプット………49

受講前の準備………49

組織開発………93　194

[た]

転移意志(Intent to transfer)………49

転移意欲(Motivation to transfer)………49

転移魂(Transfer spirit)………49　176

転移風土(Transfer climate)………46

転移プロセスモデル………35

転移マトリックス………36　161　167

電話コーチング………48

[な]

ニーズ分析………45

[は]

反転学習(Flipped classroom)………4　57　68　75

ファシリテーター………71　148

フィードバック………46　103　142　147　157

プチインターン………154

[ま]

身内化………47

[や]

やりっぱなしの研修………16　161

4段階モデル(4レベル評価モデル)………22　65　90

[ら]

リフレクションシート………155

レディネス………29　59　75

[著者]

中原淳（なかはら・じゅん）
立教大学経営学部教授。大阪大学博士。「大人の学びを科学する」をテーマに、企業・組織における人材開発・組織開発・チームワークついて研究している。ダイヤモンド社「研修開発ラボ」監修。著書に『企業内人材育成入門』（ダイヤモンド社）、『研修開発入門』（同）、『人材開発研究大全』（東京大学出版）、『フィードバック入門』（PHP研究所）など。立教大学経営学部においては、ビジネスリーダーシッププログラム（BLP）主査、立教大学経営学部リーダーシップ研究所副所長などを兼任。
Blog：NAKAHARA-LAB.NET（www.nakahara-lab.net）

島村公俊（しまむら・きみとし）
講師ビジョン株式会社代表取締役。立教大学経営学部兼任講師。研修会社等を経て、ソフトバンク株式会社（旧ボーダフォン）入社。ソフトバンクユニバーシティにおいて研修の内製化を推進し、100名を超える社内認定講師の育成に従事。ダイヤモンド社「研修開発ラボ」講師。

鈴木英智佳（すずき・ひでちか）
株式会社ラーニング・クリエイト代表取締役。花王株式会社、教育研修ベンチャー企業を経て、2011年に独立。ダイヤモンド社「研修開発ラボ」講師。著書に『爆笑する組織〜会社を強くするだじゃれ仕事術』（自由国民社）。

関根雅泰（せきね・まさひろ）
株式会社ラーンウェル代表取締役。東京大学大学院学際情報学府修士号取得。ダイヤモンド社「研修開発ラボ」メイン講師。著書に『オトナ相手の教え方』（クロスメディア・パブリッシング）など。

研修開発入門「研修転移」の理論と実践

2018年6月20日　第1刷発行
2023年7月7日　第5刷発行

著　者——中原淳、島村公俊、鈴木英智佳、関根雅泰
発行所——ダイヤモンド社
　　　　　〒150-8409　東京都渋谷区神宮前6-12-17
　　　　　https://www.diamond.co.jp/
　　　　　電話／03·5778·7229（編集）　03·5778·7240（販売）
装丁————竹内雄二
イラスト——藤井アキヒト
製作進行——ダイヤモンド・グラフィック社
印刷————勇進印刷（本文）・加藤文明社（カバー）
製本————ブックアート
編集担当——間杉俊彦（人材開発編集部）

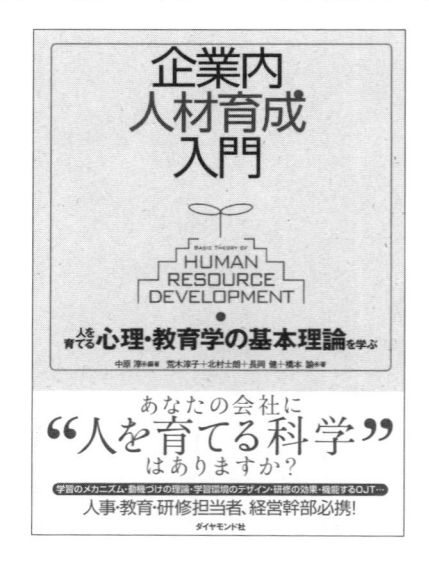

対話型のコミュニケーションで
働くオトナは学び、成長する

「変わること」とは、ダイアローグの中にある。
ダイアローグのもつ可能性を
人文社会科学の知見を背景に描き出す。

ダイアローグ 対話する組織

中原淳＋長岡健 ［著］

●46判並製●定価（本体1600円＋税）